铁路货运岗位作业培训教材

铁路货物保价及损失处理

《铁路货运岗位作业培训教材》编委会 编

中国铁道出版社有限公司

2024年·北 京

内 容 简 介

本书为《铁路货运岗位作业培训教材》中的一种，主要包括概述、基本要求、货物损失处理作业程序、铁路货物保价(保险)运输、铁路保价运输管理系统等内容，并提供了货物损失处理各种常用单据。本书立足国家职业标准、铁路行业标准、规章制度的要求，结合新技术、新设备、新业务的发展与运用，重点突出铁路货物保价及损失处理应知应会、实作技能、应急处置、案例分析，具有较好的实用性。

本书可供铁路保价及货物损失处理相关人员培训与自学使用，也可作为相关管理人员的参考用书。

图书在版编目(CIP)数据

铁路货物保价及损失处理/《铁路货运岗位作业培训教材》编委会编．—北京：中国铁道出版社有限公司，2021.8(2024.1 重印)
铁路货运岗位作业培训教材
ISBN 978-7-113-27922-6

Ⅰ.①铁… Ⅱ.①铁… Ⅲ.①铁路运输-货物运输-保价运输-岗位培训-教材②铁路运输-货物运输-货损-处理-岗位培训-教材 Ⅳ.①U294.1

中国版本图书馆 CIP 数据核字(2021)第 076910 号

书　　名：铁路货物保价及损失处理
作　　者：《铁路货运岗位作业培训教材》编委会

责任编辑：聂宏伟　　编辑部电话：(010)51873024
封面设计：郑春鹏
责任校对：焦桂荣
责任印制：高春晓

出版发行：中国铁道出版社有限公司(100054，北京市西城区右安门西街 8 号)
网　　址：http://www.tdpress.com
印　　刷：三河市国英印务有限公司
版　　次：2021 年 8 月第 1 版　2024 年 1 月第 2 次印刷
开　　本：880 mm×1 230 mm 1/32　印张：3.25　字数：60 千
书　　号：ISBN 978-7-113-27922-6
定　　价：15.00 元

编委会

前言

当前，我国铁路事业实现了长足发展，高速铁路、高原铁路、高寒铁路、重载铁路等领域技术已达到世界领先水平。近年来，一批新建和改造的货场、物流基地投产，货车、装卸设施设备更新升级，货运信息化建设水平提高，都为货运发展植厚了根基，同时也对货运系统职工队伍素质提出了新的更高要求。

人才培养，是新时代提高服务质量、保障运输安全的基石；职工培训，是满足铁路向现代物流企业转型、提供高素质技能人才支撑的重要途径。铁路货运业务涉及范围广，岗位工种分类细，规章数量多、关联性强、修改频繁，迫切需要梳理和建立一套完善的专业培训教材。教材不仅是劳动者终生教育和职业生涯发展的主要工具，而且是提高培训质量的重要保障。为此，广州局集团公司聚焦“交通强国、铁路先行”，组织开发了实用性、针对性、操作性强的《铁路货运岗位作业培训教材》。

《铁路货运岗位作业培训教材》由广州局集团公司货运部、职工培训部共同牵头组织，广州货运中心、长沙货运中心、衡阳职工培训基地分工负责，集中了优秀工程技术人员、工匠、首席技师编写及审定。教材涵盖了铁路货运基础知识、铁路货运票据电子化、铁路货运劳动安全、货物装载加固及超限超重运输、铁路集装箱运输、铁路鲜活货物运输、铁路货物班列运输、铁路货车篷布运用、铁路专用线货物运输、铁路货物保价及损失处理、特种设备和特种作业、铁路货运计量安全检测设备运用、铁路抑尘作业、铁路货物运输计费 14 个方面的专业内容。教材坚持继承与创新相结合，充分体现了新技术、新设备、新业务的发展与运用；教材坚持科学性与规范性，依据铁路行业标准的基本要求编写，准确体现了国家职业标准、铁路行业标准、规章制度的要求；教材坚持实用可行性原则，重点突出了应知应会、实作技能、应急处置、案例分析，既便于现场职工培训与自学，又利于管理人员提高工作水平。

本套教材适用于货运各工种适应性培训，也适用于职工新职、转岗、晋升的资格性培训和职业技能鉴定培训。在教材编写与审定过程中，得到了湖南高速铁路职业技术学院、北京扬天科技有限公司以及广州局集团公司有关部室、单位的大力支持，在此一并表示感谢。

《铁路货运岗位作业培训教材》编委会

2021 年 5 月

目　录

第一章 概　述

第一节 概　念

一、货物损失

货物在铁路运输过程中(自铁路运输企业接收货物时起,至将货物交付收货人时止)发生灭失、短少或者损坏属于货物损失。

二、货物损失分类

1. 火灾。

2. 被盗(有被盗痕迹)。

3. 丢失(全批未到或部分短少、漏失,没有被盗痕迹)。

4. 损坏(破裂、变形、磨伤、摔损、部件破损、湿损、冻损、腐烂、植物枯死、活动物死亡、变质、污染、染毒等)。

5. 其他(因办理差错及其他原因造成的货物损失)。

三、货物损失分级

1. 一级损失:货物损失款额(以下简称损失款额)10万元以上的。

2. 二级损失:损失款额 1 万元以上未满 10 万元的。

3. 三级损失:损失款额 1 000 元以上未满 1 万元的。

4. 轻微损失:损失款额未满 1 000 元的。

货物损失款额是指直接损失款额,包括税款、包装费用和已发生的运输费用等。

第二节　货物损失处理相关术语

一、货损、货差

货损货差是指货物在装卸、搬运、运输、中转、收货过程中属于铁路运输部门过失所造成的损失和差错,不包括由于交通运输部门的责任以及不可抗拒的自然灾害所造成的事故损失。

二、查复书

查复书是指通过"铁路保价运输管理系统"调查货物损失原因或发出的货运记录、货物损失鉴定书、定责通知书、货物损失赔(补)偿通知书(简称"赔通")等资料时需送查的格式文本。

三、货物损失鉴定书

货物损失鉴定书是认定造成货物损失原因和程度的依据。在不能判明货物损失发生原因或货物损坏程度时,应对损失货物进行鉴定,目的是分析发生货物损失的原因,确认货物损失的程度。

四、外查

外查是指货物损失处理站安排人员对发现货物损失的现场及相关环节实地调查的行为。

五、货运记录

货运记录是货物发生损失的证明。货运记录是指货物在铁路运输过程中发生货物损失及遇有《铁路货物损失处理规则》(以下简称《货损规则》)第十八条规定的情况,需要证明承运人同托运人或收货人之间责任和铁路内部之间责任时,车站在发现货物损失次日内按批(车)所编制的证明。

六、普通记录

普通记录是在没有发生货物损失的前提下,作为铁路内部办理交接检查作业时发现货物(车、箱)有异状时需要证明交接现状的证明材料,不得作为对外的证明。在铁路运输过程中,遇有《货损规则》第十九条规定的情况时,在发生(发现)当日按批(车)所编制的一种现状交接证明。在办理货运检查交接作业时发现问题,按规定拍发的交接电报应视为普通记录。

七、货物损失报告

货物损失报告是发生货物损失后,根据货物性质所做的勘查、清理、资料收集工作，它是认定货物损失的关键。发现货物损失时，车站货运员或负责接取送达的物流企业相关人员在发现当日按批（车）编制的报告。

八、无法交付货物

1. 从承运人发出领货通知次日起（不能实行领货通知的，从卸车完了的次日起），经过查找，满 30 日（搬家货物满 60 日）仍无人领取的货物。

2. 收货人拒领，托运人又未按规定期限提出处理意见的货物。

3. 赔偿后又找回但收货人拒领的货物。

九、无标记货物

1. 清仓（库、区）、清扫车底检查发现的无标记货物。

2. 在铁路沿线拣拾以及公安部门交给车站的无标记货物。

3. 车站内散落的零件、货底以及其他无票据信息、无标记的货物。

第二章　基本要求

货物损失处理是铁路运输工作的重要组成部分，是一项政治性、政策性、业务性很强的工作。铁路货物损失处理工作的好坏，关系到我国法律的尊严，关系到托运(收货)人、承运人双方合法权益，关系到铁路运输企业的形象，它是铁路运输售后服务的重要内容。

第一节　工作要求

1. 铁路货物损失处理工作应贯彻预防为主、及时处置、优质服务的方针，本着对托运人和收货人高度负责的原则，对运输的货物采取必要的防范措施，确保货物运输安全。

2. 发现货物损失后，应积极采取保护措施，尽量减少损失，依据国家法律、行政法规和有关规章制度，查清事实和原因，秉公处理。

3. 处理货物损失应坚持“货物损失原因不查清不放过、责任者得不到处理不放过、整改措施不落实不放过、教训不吸取不放过”(以下简称“四不放过”)的原则。

4. 对铁路责任货物损失，应先对外赔付，后划分铁路内部责任。

5. 货物损失处理服务质量应符合《铁路货物损失处理作业标准》。

第二节　人员和环境

1. 货物损失处理人员应精通业务、作风正派，从事货运工作 3 年以上，具备中等以上专业资质，具有计算机操作能力。

2. 货物损失处理人员应加强日常对保价系统的安全防护工作，实施强口令，杜绝一机两网，定期查杀电脑病毒，保证保价系统正常运行。

3. 货运营业厅综合服务窗口应具备受理货物损失理赔功能。公布受理货物损失咨询和投诉值班电话。

第三节　规章制度

1. 理赔安全室及货物损失处理人员配备的法律法规和规章（包括电子规章）应符合《铁路货物损失处理作业标准》附件 1 的规定。

2. 对所配备的规章（文件、法规可为电子版），做到及时修改，准确运用，定期组织学习，建立规章、文件和电报登记目录，指定专人负责保管。

第四节　案卷台账

理赔安全室各种登记簿、案卷应建立电子档案，规范管理，按照业务性质建立健全以下登记簿（除3、5、6、7、9、10项外，均由保价系统自动生成）。

1. 自站编制货运记录（商务记录）登记簿；
2. 他站编制货运记录（商务记录）登记簿；
3. 货物损失速报登记簿；
4. 货物损失赔偿登记簿；
5. 普通记录登记簿；
6. 电报登记簿；
7. 无法交付货物和无标记货物登记簿；
8. 施封锁请领发放、使用、回收保管、销毁登记簿；
9. 来信来访登记簿；
10. 货物损失外查登记簿。

第五节　日常管理要求

一、设备管理

理赔安全室应配备计算机、打印机、复印机、传真机、数码相机、高拍仪、音视频记录、国内长途市话、移动终端等设备。对配备的设施设备，专人负责维护，保证设备性能处于良好状态，并做好原始技术资料和备品管理。

二、货运记录(货主页)管理

(一)请领发放

1. 货运记录(货主页)由车站(直属站段、铁路局集团公司)统一向主管部门认定的单位购置,并指定专人负责。

2. 货运记录(货主页)应建立请领台账,账物相符。

3. 货运记录(货主页)请领、发放交接时,由经办人按份数签字交接。

(二)使用

遇有货运记录(货主页,包括商务记录)必须作废时,在作废记录上打"×",并注明"作废"字样,货主页、存查页一并按顺号留存。

(三)回收与保管

1. 空白的货运记录(货主页)由理赔安全室统一保管。

2. 货运记录(包括商务记录)与货物损失报告一起保存。

3. 货物损失案卷资料(除货运记录、商务记录、赔偿材料外)可以电子文档保存,保管期限自结案的次年1月1日起为3年。

三、施封锁管理

(一)请领发放

1. 车站(直属站段、铁路局集团公司)统一通过物资部门购置，并指定专人负责；普通施封锁质量应符合TB/T 2775.1、TB/T 2775.2 和 TB/T 2775.3 的规定；电子施封锁应符合 Q/CR 685.1—2018、Q/CR 685.2—2018 的规定。

2. 请领施封锁时，将上次所领无法使用的施封锁一并交理赔安全室验收保管。

3. 发放施封锁时按班次或作业区顺号发放，并由请领人在登记簿内签字。

4.“铁路保价运输管理系统”登记簿界面如图 2-5-1 所示，在其中“12. 施封锁管理登记簿”或“13. 电子施封锁管理登记簿”录入请领、发放信息。

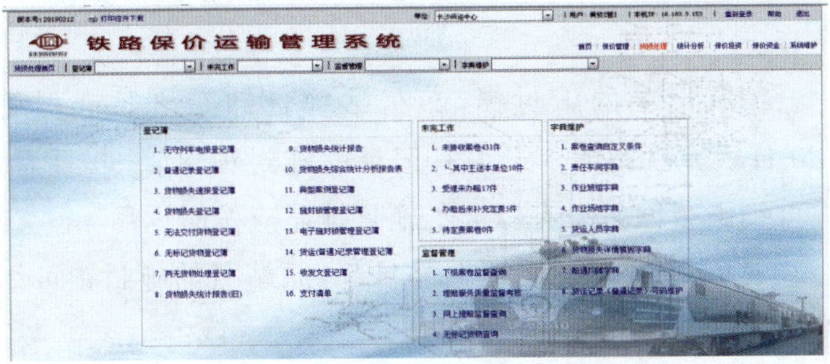

图 2-5-1　铁路保价运输管理系统

（二）使用

1. 使用施封锁符合《铁路货物运输规程》（以下简称《货规》）“货车和集装箱施封拆封的规定”，并按顺号使用。

2. 使用施封锁按使用日期、号码、到站、车号（箱号）

登记在“施封锁使用登记簿”内。

3.“施封锁使用登记簿”记载的数量、号码应与实际请领相符，无法使用的施封锁应妥善保管。

（三）回收保管

回收的施封锁应按规定进行保管，对编有记录的施封锁装入封套，并进行登记保管；未编有记录的施封锁也应交理赔安全室集中保管，按规定期限销毁。其中，有源电子施封锁应逐个填写“有源电子施封锁回收交接表”（附录 1-1），经办人在“移交人”处签名确认后返厂处理。

（四）销毁

销毁施封锁时，由货运主任（或相应职级人员）、货物损失处理人员共同销毁并登记在“施封锁销毁登记簿”内备查。

编有记录的施封锁，卸车站均自卸车之日起保管 180 日后方可销毁。未编有记录的施封锁保管 30 日后，方可销毁或回收。有源电子施封锁还应按时返厂。

遇车站更名时，自更名之日起，原站名的施封锁可继续使用半年。

四、安全管理

1. 加强铁路货物运输过程中的安全防范，对重点货物采取重点安全防范措施，建立“重点保价行包、货物运输台账”保证货物运输安全。日常检查现场作业安全情况，制止违章违纪行为。发现货物损失后，本着对托运人和收货人高度负责的原则，积极采取保护措施，尽量减少损失。

2. 货物发生火灾、被盗、丢失、损坏等情况时，组织或参与货物损失调查，及时进行现场勘查、清理、资料收集等工作。负责拍发货物损失速报，并根据需要及时通知或报告公安、消防、安监、调度、车辆、防疫、检疫、海关、环保、保险公司等相关部门，必要时还应通知托运人或收货人。

3. 组织开展货损调查分析，查清事实，查明货物损失的原因和责任，秉公处理。定期进行货损情况和货运安全分析，总结货损处理和安全重点工作落实情况，研判安全风险，提出工作建议。

五、服务质量管理

1. 货物损失处理人员负责处理有关货物损失的服务质量问题，接到货主反映，认真登记，积极调查、核实，及时做出答复。

2. 做好保价宣传及理赔服务工作。

3. 接待货主来访实行首问负责制，谁接待谁负责。

4. 货主反映强烈的问题及容易造成社会影响和不良后果的敏感事件即时上报。

第三章　货物损失处理作业程序

第一节　货物损失发现和现场处理

一、发现货物损失

(一)抢救处理

1. 发现火灾,罐车装运的压缩气体、液化气体泄漏,剧毒品、爆炸品、放射性物品被盗丢失等情况,立即向公安和有关部门报告;遇有列车(或货车)火灾,还应向列车调度报告。

2. 查阅损失货物(车)的运输票据信息,了解货物的具体名称及特性。

3. 将损失货物(车)与相邻货物(车)分离。

4. 及时组织卸车或将货物转移至安全地点。

(二)信息报告

发现货物损失应及时报告并通知货物损失处理人员,相关部门按如下报告:

1. 发现火灾,罐车装运的压缩气体、液化气体泄漏,剧毒品、爆炸品、放射性物品被盗丢失以及估计损失款额达到一级损失等情况时,应在1 h内逐级报告至中国国家铁路集团有限公司(简称国铁集团)货运部。

2. 发现货物被盗、火灾等情况，应立即向公安、消防部门报案，同时向上级主管部门或人员报告。

3. 涉及铁路交通事故的，应报告铁路局集团公司列车调度、安全监督管理部门。

4. 涉及车辆技术状态的，应通知车辆部门。

5. 涉及活动物死亡和食品污染变质的，应通知防疫、检疫部门。

6. 涉及海关监管的货物，应通知海关监管部门。

7. 涉及环境污染的货物，应通知环保部门。

8. 涉及参加保险的货物，必要时应通知保险公司。

9. 由于货物染毒或危险货物发生货物损失，造成人员伤亡时，应通知劳动保护等有关部门。

10. 必要时经主管领导同意通知托运人或收货人。

二、现场处理

(一)火灾

参加人员：现场施救的货物损失处理人员、公安(消防)人员、应急处置小组人员等相关人员。

1. 货车(箱)

查明火灾列车车次、货车种类、到达时间、编挂位置及上一责任货检站检查情况、邻车情况、牵引机车类型；查看车内货物装载现状、起火部位、四周货物烧损情况；了解货物装载(苫盖物)高度；可能造成起火的各种迹象；火灾发现和扑灭时间，被烧货物烧损状态。

(1)棚车：检查车体、门窗关闭状态、施封加固及烟囱口关闭情况，并妥善保管封印。

（2）敞车：检查篷布苫盖、绳索捆绑状态，货物装载加固，包装、衬垫材料等情况。

（3）集装箱：检查箱体状态、箱门朝向、箱门关闭、施封加固情况。

2. 货场

（1）损失货物所处位置。

（2）着火点货位原来堆放何种货物和火源，仓库、雨棚、相邻设备及周围堆放货物等情况。

（3）货物入库（区）时间和货物交接检查情况。

（4）损失货物存放地点电线、灯具情况。

（5）装卸作业用的叉车、吊车等作业机具的防火情况。

（6）有无闲杂人员出入。

（7）查明火灾发现和扑灭时间，被烧货物烧损状态。

注：以上现场勘查场景必须留有关键部位的影像资料。

（二）被盗丢失

参加人员：货物损失处理人员、车站负责人、货运员、公安人员等相关人员。

1. 货车（箱）

查明编挂列车车次、到达时间、开始作业和卸车完了时间、编挂位置及上一责任货检站检查情况；车（箱）体状态、施封状态；查看车内货物装载现状，车（箱）内货物装载状态，是否装满（能否容下少件），有无明显被盗痕迹，包装破损内货短少时，查看破损货件装载位置，破口尺寸，短少货物的具体名称、数量（无法判明短少数量时，查看现有数量或现状)，涉及重量时应检斤，并记明现有重量。

(1)棚车、冷藏车、罐车：检查车体、门窗关闭状态、施封加固情况。其中棚车装运的，车窗处被盗丢失时，查看货物装于车窗位置以及该车窗锁闭状态；货车两侧或一侧上部施封时，查看下部门扣施封损坏、封印的站名和号码；车门缝处货物被盗割的，查看货物现状。

(2)敞车：检查篷布苫盖、绳索捆绑状态，货物装载情况，表层货物现状，篷布有破口时，检查破口位置、尺寸，新旧痕迹和破口处货物的状态，对篷布绳索明显被割或割断后再接的，也要如实记明绳索现状。

(3)集装箱：检查箱体、箱门朝向、箱门关闭、施封加固及集装箱在车内的装载位置和箱距，箱内货物装载现状及容积，箱体及其配件技术状态，破损部位的尺寸、新旧痕迹和箱门密封情况。

2. 货场

查明货物入库(区)时间、作业班组、作业货运员及在库区的交接情况，包装破损内货短少时，查明损失货件在库区堆码情况及周围货物出库情况。

注：以上现场勘查场景必须留有关键部位的影像资料。

(三)损坏

参加人员：货物损失处理人员、车站负责人、货运员、托(收)货人等相关人员。

1. 破损、湿损类损坏

(1)货物现状、破损程度、货物位置、码放地点及周边货物现状、有无碰撞痕迹、接触货物有无窜动或冲撞痕迹。

(2)包装损坏状态、破损部位,内货固定及衬垫情况,包装是否符合规定。

(3)篷布质量和苫盖、捆绑加固状态。

(4)加固方法是否符合规定、加固材料及质量是否符合方案要求。

(5)是否有包装储运图示标志,是否按包装储运图示标志装载堆码,起重工具及吊卸方式是否符合规定。

(6)查明卸入库区时间、库区货运员的交接检查情况。

(7)发生湿损检查货车(箱)定检及是否透光和罐体状态、阀门关闭情况。

(8)涉及车辆技术状态时,应注明车辆检修时间、检修单位,通知车辆部门检查。

2. 变质类损坏

检查运输票据记载事项及承运、装车、挂运和到达、卸车时间,有无标记,变质货物位置及损失数量和程度。

(1)机械冷藏车(箱)

①检测车(箱)内外温度、货物温度、车(箱)门胶条密封现状、施封情况。

②检查车(箱)内货物装载是否符合规定、包装及内部衬垫是否符合要求。

③了解仓储地点与装车地点的距离和装车情况及机械冷藏车机组检查、运输、操作控温等作业情况。

(2)棚、敞车

①根据货物性质,检查装载方法、包装及内部衬垫是否符合要求。

②检查是否符合棚、敞车装运易腐货物条件。

③确认是否按规定采取防寒、加温、保温、通风、隔热措施。

3. 活动物死亡

(1)检验死亡原因,检查检疫证明的名称和号码。

(2)核实运输条件、沿途上水情况、容器质量及装载密度。

(3)核实发站承运、装车、挂运、到达时间及车辆隔离情况。

4. 植物枯死

(1)核实运输条件,了解枯死原因。

(2)发站承运、装车、挂运、到达时间。

(3)检查装载方法、包装,清点植物枯死数量,了解承运时的质量。

5. 污染类损坏

(1)查明被污染货物和污染源的名称、包装、装载情况和污染数量、程度。

(2)检查车内外是否贴有“洗刷除污”标签及车内清扫、衬垫情况。

(3)查明货物性质及车辆来源。

(4)查明货物损失货物卸车、入库时间及库区货运员交接情况、货物损失货件堆放位置、原堆放何物和性质及相邻货物情况。

(5)查明货物损失货件在库区的码放位置、包装及漏失情况。

(6)粮食、食品染毒或人员中毒时,保留原车。

注:以上现场勘查场景必须留有关键部位的影像资料。

(四)货物与票据信息不符

1. 有票据信息无货物(空车有票)

空车有重车票据信息,发现站扣车后在铁路货运票据综合应用管理系统录入空车有票信息,编制普通记录(见附录1-2),并联系票据记载到站、发站进行核对。

经到站确认为已卸空车,到站在货运站系统或集装箱系统做卸车补录操作,电子票据信息车号置空,发现站在现车系统重新取票并确认后按空车组织挂运。

到站确认货物未到时,联系票据记载发站进行核对。

经发站确认为漏装的,调配空车,进行漏装货物补装作业,并在铁路货运票据综合应用管理系统编制普通记录,修改票据车号信息,有票空车票车解绑置空。发现站在现车系统重新取票并确认后按空车组织挂运。发站在现车系统取票并确认后,票据捆绑到新车号上。

确认为错装的,发站应追查运单记载的货物实际位置,通知重车所在车站扣车,并根据重车站反馈信息,在铁路货运票据综合应用管理系统编制普通记录,修改运单车号信息,有票空车票车解绑置空。发现站在现车系统重新取票并确认后按空车组织挂运。重车所在站在现车系统重新取票并确认后组织错装车辆挂运。

经发站确认未对该车进行装车作业的，联系信息部门查明原因后处理。

2. 有货物无票据信息（重车无票）

发现重车无票据信息时，发现站扣车调查，并在铁路货运票据综合应用管理系统编制普通记录。确认为重车空排的，发现站在保价系统编制货运记录回送；确认为发站错装的，联系发站处理。

3. 货物与票据信息均有，但两者不符

如发生办理差错，根据具体情况，可采用拍发电报、编制记录、电话联系等方式及时采取措施，纠正错误、减少损失，发站及相关站应积极配合，对相互推诿、处理不积极造成货物损失及损失程度扩大的，追究责任单位责任。

发生误办理、误运送时，发现站应及时联系发站（误运站），由发站（误运站）提出处理意见，如需回送发站或正确到站时，凭货运记录回送。

发生误交付时，由交付站负责追回货物后交与正确收货人；如因发站责任造成误交付时，发站应积极配合到站处理；发站拍发的更正收货人电报不能作为变更收货人的依据。

三、货物清理

参加人员：货运员。

1. 依据票据信息、物品清单或箱标记载，清点损失货件，做出物品损失清单或现有物品清单。

2. 损失货件与完整货件分别码放。

3. 损失货物涉及重量的，将发生损失的货件和完整的货件分别检斤（中途站只对成件货物中的损失货件进行检斤）。

4. 妥善收集处理货物损失现场的残货、残渣。

四、收集资料

参加人员：货运员。

1. 收集各种原始纸质资料、单据、封印、照片等。

2. 收集货物损失货车到达时间，货运检查、送入卸车地点、时间，货车作业时间、班组、人员等资料。

3. 涉及车辆技术状态时，收集车辆部门的检查记录。

4. 涉及检疫、防疫、公安、海关等部门时，收集相应的证明材料。

五、编制货物损失报告

参加人员：货运员或物流企业相关人员、货装值班员（审核签字）。

1. 货运员根据货物损失勘查内容，逐项填写货物损失报告，由货装值班员对报告中的事实和内容进行审核并签字后，连同与货物损失有关的材料、施封锁、损失照片等在发现当日送交理赔安全室。

2. 物流企业（包括铁路物流企业或铁路运输企业委托的社会物流企业）在接取送达过程中发现货物损失时，应由物流企业相关人员对发生损失货物情况拍照留存，并编制货物损失报告交车站理赔安全室。

3. 其他有关人员会同检查的,应在编制的货物损失报告上签字,同时注明所属单位名称。

第二节　货物损失调查与定责分析

一、编制记录

(一)现场核实

参加人员:货物损失处理人员、货装值班员、货运员等相关人员。

1. 货物损失处理人员接到货物损失报告后,要核实货物损失报告各栏填写是否齐全正确,相关资料是否齐全并到现场核对损失货物。

2. 涉及车辆、集装箱、篷布问题时,要核对保留的货车、集装箱、篷布等。

3. 对收集的有关资料进行核实。

4. 对发生损失货物情况拍照留存。

(二)编制货运记录(格式见附录1-3)

参加人员:货物损失处理人员。

1. 根据货物损失报告,编制货运记录。

2. 将货物损失报告上的其他相关人员签名转录在保价系统中货运记录相应栏内。

3. 遇附有发站或中途站编制的货运记录,无论情况是否相符,均应重新编制货运记录交收货人,原记录打印留存。

4. 通过保价系统打印的货运记录(货主页)加盖货物损失处理专用章和带有所属单位名称的人名章后生效。非系统打印、有涂改或手写的货运记录无效(军运货物除外)。

二、拍发电报

(一)确定货物损失种类、等级

参加人员:车间(车站)主管领导、货物损失处理人员、货装值班员根据货物实际价值和货物损失程度估算损失款额,确定货物损失种类、等级。

(二)拍发货物损失速报(见附录1-4)

参加人员:车间(车站)主管领导、货物损失处理人员等相关人员。

1. 货物损失速报应在24 h内向有关车站、直属站段、铁路局集团公司和有关铁路公安部门以电报形式拍发,并抄报国铁集团货运部。

2. 货物损失速报要经车间(车站)主管领导审核签发;货物损失速报拍发后,及时录入保价系统并传输,同时确认传输成功。

3. 在“货物损失速报登记簿”内登记。

三、货物损失调查

参加人员:货物损失处理人员。

1. 编制货物损失查复书主送责任单位、抄送有关单位。一件货物损失涉及两个以上责任单位时，同时主送责任单位，抄送有关单位。

2. 当日随同案卷传输发站及有关站调查。

3. 接到他站的调查案卷后，应核对所附材料是否齐全、正确，接到的纸质速报和查询电报，应于当日在收件上加盖收文日期戳，登记于“货物损失（记录、调查、赔偿）登记簿”、“货物损失速报登记簿”内。

4. 他站调查案卷必须向作业人员、班组调查货物承运、装车、挂运等情况，将调查的情况在保价系统内填制查询答复书，依据查询答复书的内容在保价系统填制“货物损失查复书”主送查询站，抄送相关站完成案卷传输。

四、货物损失鉴定（鉴定书见附录 1-5）

参加人员：车间（车站）主管领导、货物损失处理人员、托运人（收货人）或物流企业、有鉴定能力的第三方机构（必要时）。

1. 根据货物损失性质、包装等情况，鉴定货物损失发生原因、包装质量和损失程度。

2. 货物损失鉴定时，车站应会同收货人（托运人）或物流企业进行，必要时邀请有鉴定能力的第三方机构进行鉴定，每份货运记录分别编制鉴定书。

3. 货物损失鉴定在发生（发现）站现场就地进行，在现场难以鉴定时，经与收货人或托运人协商同意后，可以移至适当的场地进行鉴定。

4. 车站组织货物损失鉴定时应由货运负责人、货物损失处理人员等两人以上参加鉴定。

5. 鉴定时间应自编制货运记录之日起 10 个工作日内完成，情况特殊需要延期时，应以查复书或电报说明原因通知有关单位，但最长不得超过 30 日。

6. 货物损失鉴定书应加盖处理站货物损失处理专用章或单位公章，参加人员应签字或盖章，第三方参加鉴定的，还需加盖鉴定单位的印章或附出具的货物损失鉴定报告。

7. 鉴定结束后在规定的期限内将货物损失鉴定书随同查复书传输至责任站并送达有关单位。

五、货物损失定责

1. 原则

划分货物损失责任应以事实为根据、规章为准绳。

2. 责任划分

划分承运人与托运人和收货人之间责任时，依据《中华人民共和国民法典》、《中华人民共和国铁路法》、《货规》等有关规定，划分承运人与托运人和收货人之间责任。

划分承运人内部责任时，按照《铁路货物损失处理规则》附件 3 和有关规定办理。

3. 定责权限

货物损失调查定责工作由到站（中途终止运输的，为货物终止运输站）、到达铁路局集团公司负责，但发站承运后装车前、货物承运前在车站仓储或货物仅在车站仓储的，定责工作由发站或仓储办理站负责。发生货物损失后，记录编制站应初步判定是否为承运人责任，难以判定的应由到站进一步调查确定。

涉及物流外包业务的，定责意见须经签约铁路局集团公司确认。

属于承运人责任的，铁路内部责任确定后，由定责单位填写查复书并下达“货物损失定责通知书”（以下简称“定责通知书”，见《铁路货物损失处理规则》附件1－8），送主管铁路局集团公司、责任铁路局集团公司、责任单位和发、到站及有关单位。查复书的内容应包含定责意见及定责依据。

对货物损失定责意见有争议，经一次往返查复不能取得一致时，争议单位应在收到对方查复书3日内向到站提出要求裁定的查复书，并按下列规定办理。

轻微损失责任，到站应在收到要求裁定的查复书之日起3日内裁定。

三级损失责任，到站应在收到要求裁定的查复书之日起3日内将定责意见上报主管铁路局集团公司，由到达铁路局集团公司裁定。

二级损失责任，到站应在收到要求裁定的查复书之日起3日内将定责意见上报主管铁路局集团公司，由到达铁路局集团公司与相关铁路局集团公司协商，到达铁路局集团公司裁定。

一级损失责任，到达铁路局集团公司应将定责意见连同会议纪要等材料上报国铁集团裁定。

一级损失责任，国铁集团的裁定为最终裁定。二级、三级损失责任，到达铁路局集团公司的裁定为最终裁定；轻微损失责任，到站的裁定为最终裁定。

争议单位提出要求裁定的查复书后，到站应在规定时间内按权限做出裁定或上报。对二级、三级损失责任，到站未按规定上报的，由争议单位上报主管铁路局集团公司，协商到达铁路局集团公司处理。到达铁路局集团公司应及时提出裁定意见。

争议单位未在3日内提出要求裁定的查复书，不得再对定责单位提出的定责意见提出异议。

铁路内部责任确定后，由定责单位填写查复书，国铁集团、铁路局集团公司做出裁定意见后，应将裁定意见以查复书告知到站及相关单位。到站接到裁定意见后，应重新下达“货物损失定责通知书”（以下简称“定责通知书”，见《货损规则》附件1－9），送主管铁路局、责任铁路局、责任单位和发、到站及有关单位。查复书的内容应包含定责意见及定责依据。

凡按规定权限定责的货物损失，责任站（铁路局集团公司）必须尊重定责意见。

第三节　货物损失赔偿与诉讼

一、受理赔偿

参加人员：车间（车站）主要领导、货物损失处理人员。

1. 货物损失处理人员应认真审核提赔单位(公章)、姓名(名章)栏的内容与货物运单记载的收货人或托运人相符(委托他人代理时应有委托书或委托证明);赔偿要求书填记内容(不得涂改)完整、准确、清楚;提赔资料(网上提赔的应审核电子版资料)如货运记录(货主页)原件、有效身份证明等其他必要的证明材料完整、齐全。

2. 确定提出赔偿要求的时间是否在自车站交给货运记录(货主页)的次日起 180 日内(对超过有效期限的赔偿要求,如在有效期内提出过赔偿要求,有效期应从提出赔偿要求的次日起重新计算)。

3. 不属于承运人赔偿责任的,应说明理由和依据,以盖有货物损失处理专用章或单位公章的函件答复赔偿要求人,同时将全部赔偿材料(赔偿要求书除外)复印留存后退还赔偿要求人,并做好解释工作;网上提赔资料在保价系统审核后,分别反馈"暂不受理"、"同意受理"、"不同意受理"的"客户通知书"给客户。

二、办理赔偿、清算

1. 经审核符合赔偿要求,在保价系统填制"赔偿审批报告"(见附录 1-6)交主要领导审核签字(签字原件扫描上传保价系统);保价运输的货物,全批货物损失时,按实际损失赔偿,但赔偿金额最高不超过保价金额;部分损失时,赔偿金额按损失货物占全批货物的价值比例乘以保价金额计算,在保价系统填发"赔通"(附录 1-7);通过铁路

95306 网上办理赔偿的，应将“赔通”加载至铁路 95306 网上告知客户。

2. 保价或非保价的轻微货物损失，单位和个人均可要求承运人以现金支付赔款。现金支付的轻微损失赔偿，办理站要当日下达“赔通”并完成现金支付；赔偿要求人要求银行转账的轻微损失赔偿，由受理站下达“赔通”，记明赔偿要求人银行转账信息，当日将赔偿材料报主管直属站段，由直属站段转账。

3. 三级及以上的货物损失赔偿，受理站将审核后的客户提赔资料加载在保价系统“货物损失照片”内，每张照片均需添加小标题，如“赔偿要求书”、“货运记录货主页”，随同货物损失查复书（见附录 1-8）依章传输至集团公司审核赔偿。

4. 凡由处理站（铁路局集团公司）最后确定责任的货物损失，责任站（铁路局集团公司）应尊重其处理意见，及时转账，不允许退回“赔通”；铁路对托运人或收货人办理赔偿后，货物损失赔款由处理单位按国铁集团有关规定向责任单位清算；一批赔款额或铁路局集团公司间分摊后的款额不足 1 000 元时，互不清算，由处理单位列销。

三、诉讼处理

赔偿要求人向法院提起的诉讼案，按照国铁集团及所属企业法律纠纷案件处理的有关规定执行。法院调解或判决承运人责任生效后，由被告单位先行垫付铁路承担的款额。涉及被告单位以外铁路其他单位责任时，应根据法院的调解或判决和《货损规则》有关规定确定责任。

第四节　货物损失统计与资料保管

一、货物损失统计

1. 车站、直属站段、铁路局集团公司对于货物损失的责任(无论是否发生赔款),均须逐件统计。货物损失按结案日期统计上报。上级裁定的,按接到裁定批复的当月统计,列铁路局集团公司其他责任的,由铁路局集团公司统计上报。铁路局集团公司、直属站段根据“赔通”和“定责通知书”,检查督促管内各单位及时统计上报。

2. 货物损失统计以一批作为一件。但由于自然灾害、火灾、行车原因,在同一车站(区间)、同一列车内、同一时间发生的多批货物损失应按一件统计,其损失等级按损失款额总和确定。一件损失由几个责任单位共同承担时,货物损失件数由主要责任单位统计;无主要责任单位的,除另有规定者外,按造成货物损失的车站顺序,由第一个责任单位统计。

3. 因托运人、收货人责任或押运人过错使铁路运输工具、设备或第三者的货物造成损失时,分别由发站、到站统计货物损失件数,责任部门列“其他路外”。

4. 货物在接取时发生的责任货物损失,由发站统计;

货物在送达时发生的责任货物损失，由到站统计；责任部门列“接送”。货物承运前和交付后仍在车站仓储或货物仅在车站仓储时发生的责任货物损失，由提供仓储服务的车站统计，责任部门列“货运”。

5. 车站、直属站段、铁路局应按月统计货物损失，于次月 5 日前填写“货物损失统计报告”和“货物损失综合统计分析报告表”。过失责任的货物损失单独统计，在“货物损失统计报告”表的相应栏内画一斜线，分子表示过失责任，分母表示过失责任与非过失责任的合计数，无过失责任时，斜线可省略。

二、资料保管

1. 办理赔(补)偿的原始材料及货物损失案卷文档由受理站保存。货物损失赔偿材料分别由定责单位、责任单位和办理赔偿单位完整打印后保存。材料自结案的次年 1 月 1 日起保管 3 年。

2. 车站对施封锁(包括在专用线、专用铁路)应建立保管、请领、发放、使用、销毁或回收制度，严格做好去向登记。编有记录的施封锁，卸车站均自卸车之日起保管 180 日后方可销毁；未编有记录的施封锁保管 30 日后，方可销毁或回收；有源电子施封锁还应按时返厂。遇车站更名时，自更名之日起，原站名的施封锁可继续使用半年。

第五节　无法交付货物和无标记货物处理

一、发现无法交付货物和无标记货物

(一)编制记录

参加人员:货运员、货物损失处理人员、车站货运负责人(需开包检查时)、公安人员。

1. 发现无法交付货物和无标记货物(简称“两无货物”,下同)时,货运员应于发现或发生的当日进行登记、妥善保管并报告理赔安全室,货物损失处理人员应于当日编制货运记录。

2. 无法交付货物记录编制应重点记载货物到达、卸车时间和通知领货方式、时间及次数。

3. 无标记货物记录编制应重点记载发现的货物情况、货物的件数、具体货物名称、包装及特征、内品物品数量、规格、尺寸、颜色、生产厂家及每件重量。

4. 如公安等部门直接将无标记货物移交理赔安全室的,可由货物损失处理人员直接编制货运记录,但记录内必须有移交部门(人员)的盖章或签字。

(二)收集保管

参加人员:“两无货物”管理小组(包括货物损失处理人员、货运员、公安人员等相关人员)。

1. 实行分区管理,隔离设置,编号单独存放。

2. 根据编制的货运记录,按编制时间顺序登记于“两无货物”登记簿内。

3.“两无货物”应及时登记入账、妥善保管，管理台账的货物损失处理人员与保管货物的货运员进行账务核对。

4. 对军运物资、历史文物、珍贵图书、重要资料和违禁物品等在移交前应妥善保管。

（三）查询处理

参加人员：货物损失处理人员。

1. 无法交付货物

（1）对无法交付货物，到站应按规定积极联系发站及托运人、收货人，征求处理意见。发站应积极配合各项工作。

（2）发现无标记货物时，应立即查对车站现存货物及当日的装车、卸车的货物有无漏装、误装、误卸、误交付等情况；及时寻找线索以便物归原主。各主要货运站、“两无货物”集中保管处理站间，可定期或不定期交换无标记货物的资料和信息，以便物归原主。

（3）车站对外站的少件记录查询应立即认真查对并答复，积极给外站查货人员提供工作方便。

2. 无标记货物

（1）对无标记货物，凡能判明到站的，立即向到站回送；只能判明装车站的，立即向装车站回送。

（2）到站收到他站回送的无标记货物后，认真确认正当收货人，核对原批货物交付情况，如原批交付正确，应向收货人查询原批货物是否混入他批货物，没有混入的，则按规定上报处理;如原批货物有短少记录,且与回送的无标记货物相符时,则向收货人交付,收回记录并入案卷。

(3)装车站收到回送的无标记货物后,应核对现货和车站编制的记录,看是否编有该记录的记录。

3. 特殊物品

(1)对鲜活、易腐、易燃、易爆、放射性、剧毒品等不宜长期保管的货物,如车站发现有变质、燃烧、爆炸和泄漏等危险时,可先以电话请示铁路局集团公司同意后处理,然后补报报批手续。

(2)对军运物资、历史文物、珍贵图书、重要资料和违禁物品等货物,应分别向省(军)级的军事、公安、文化等主管部门无价移交,做好移交记录,不允许交给其他部门或自行处理。

二、两无货物处理

参加人员:两无货物处理小组、主管铁路局集团公司、当地有关部门(特殊物品)。

1."两无货物"的上报处理,须经车站"两无货物"处理小组审核后,提出书面处理意见,附上开列的货物清单,加盖车站公章后上报。

2. 无法交付货物按规定上报当地有关部门审批,当地有关部门不办理审批的,上报主管铁路局集团公司审批;无标记货物按规定上报主管铁路局集团公司审批。

3. 主管铁路局集团公司必须以书面形式批复,批复要明确具体的处理方案和意见。

4. 车站按当地有关部门和主管铁路局批复的意见，由“两无货物”处理领导小组成员会同有关人员进行处理。

5. 车站接到书面批复意见后，按规定将货物移交处理单位处理或变卖。“两无货物”的变卖，可按国务院办公厅《关于公物处理实行公开拍卖的通知》(国办发〔1992〕48号)的规定公开拍卖，也可采取变卖的方式。

6. 军用品、药品、危险品、国家禁止及限制运输的物品、机要文件和各种证件不得变卖，应移交公安机关或有关部门处理。

第四章　铁路货物保价(保险)运输

第一节　货物保价与保险的概念

一、货物保价运输的概念

《中华人民共和国铁路法》第十七条规定，铁路运输企业应当对承运的货物自接受承运时起到交付时止发生的灭失、短少、变质、污染或者损坏，承担赔偿责任，未按保价运输承运的货物，按照实际损失赔偿，但最高不超过国务院铁路主管部门规定的赔偿限额。

《铁路货物运输规程》规定，货物损失的赔偿价格，不保价运输的货物，不按件数只按重量承运的货物，每吨最高赔偿 100 元，按件数和重量承运的货物，每吨最高赔偿 2 000 元；个人托运的搬家货物、行李每 10 kg 最高赔偿 30 元，实际损失低于上述赔偿限额的，按货物实际损失的价格赔偿。

这些规定主要基于以下因素考虑：第一，我国铁路长期实行低运价，并以货物的重量为计费单位，货物运输收入与货物价值相差较大，按货物的实际价格赔偿，货物发生损失时，铁路负担太重，铁路承担的货物价值与获得的效益是不相适应的;第二,赔偿限额是国际通行的做法,是指赔偿的最高极限,也是铁路运输企业规定的赔偿责任限制。限额赔偿的规定,托运人高价值货物发生损失时得不到足额赔偿。为了保障托运人的合法权益,使托运人损失后得到足额赔偿,铁路运输企业按照《中华人民共和国铁路法》规定开办保价运输服务。

铁路保价运输,是指托运人在托运货物时向铁路运输企业声明实际价格,并缴纳保价费,当货物在运输过程中发生损失时,铁路运输企业以托运人的声明价格为基础计算赔偿损失。

二、铁路保价运输的特点

铁路保价运输具有下列特点:

1. 保价运输是实行赔偿限额后,为了保证承运人、托运人双方权益对等,在法律上给予托运人的一种权益。

2. 保价运输应以全批货物的实际价格办理。货物的实际价格包括其本身的价格、税费、包装费用和已发生的运输费用,不包括尚未发生的铁路运输费用。

3. 除国际联运国外段运输外,铁路运输的货物都可以参加保价运输。

4. 货物保价运输的责任范围是铁路物流全过程。铁路向现代物流转型,就是以满足客户需求为目标,从传统铁路货运拓展为物流全过程服务,将运输、仓储、装卸、配送、包装、加工、信息等业务有机结合,不断强化铁路安全便捷、低成本、全天候、绿色环保的优势和特色。

5. 除保价运输对托运人的货物损失起补偿作用外，铁路可以直接采取特殊的技术和措施，保证货物运输安全。

6. 货物保价运输是运输合同的组成部分。托运人选择保价运输时，应在货物运单"货物价格"栏内如实填写货物的实际价格。铁路运输企业有权利有责任检查保价运输有关事项的内容填记是否清楚、齐全。如对保价金额有异议，可要求托运人提交价格的有关依据。

三、货物运输保险的概念和特点

货物运输保险是以运输途中的货物作为保险标的，保险双方订立保险合同，投保人按合同约定向保险公司缴纳保险费，在保险有效期内，由于自然灾害和意外事故造成货物损失时，由保险公司承担赔偿责任。

货物运输保险具有以下特点：

1. 保险标的具有较大的流动性。一般的保险标的处于相对静止状态，而货物运输保险的标的为运输中的货物，为了实现货物位移，货物经常处于流动状态，而由于流动性特点，其损失发生地往往不是保险合同签订地，保险公司要委托出险地代理人代查勘理赔。

2. 保险责任范围较广泛。除负责保险标的货物损失的直接损失以及为减少货物损失所支付的施救、保护费用外，还负责保险货物由于外来原因所造成的保险货物的损失，如提货不着、渗漏、污染、包装破裂等，通过附加险负赔偿责任。

3. 保险期限的确定方式特殊。一般的财产保险合同的保险期限都是以时间来确定。货物运输保险期限以运输里程来确定，自起运地仓库或储存处所开始运输时生效，直至该项货物运达保险单所载目的地收货人的最后仓库或储存处所，称为“仓到仓”。

4. 货物运输保险金额按照约定价值承保。货物运输保险属于定值保险单性质，保险货物发生损失，根据约定价值按损失程度计算赔偿，不受出险时货物价格变动的影响。

5. 保险单的可转让性。货物运输保险期限较短，为了方便商品交易，保险单一般可随物权的转让而转让。

6. 货物运输保险一般有免赔条件。通常情况下，货物运输保险的免赔条件为：每批货物损失的免赔额（率）为多少元或损失金额的百分比。如中欧班列运输险规定每次事故免赔额（率）为人民币 2 000 元或损失金额的 10%，以高者为准。

四、货物保价运输和货物运输保险的区别

货物保价运输和货物保险运输都具有补偿托运人和收货人经济损失的目的，但二者有所不同：

1. 依据的法律不同。保价依据的是铁路运输法律规范，保险依据的是保险法规。

2. 责任范围不同。保价责任主要是铁路责任造成的货物损失;保险责任是在运输过程中因自然灾害、意外事故及外来原因导致的全部或部分损失。根据国内货物运输法律条款的规定,保险货物因铁路责任造成的货物损失,保险公司向投保人补偿后,有向铁路追赔的权利。

3. 目的不同。保价运输的目的是为了解决铁路限额赔偿不足以补偿托、收货人的损失而设立的一种特殊的制度。保险的目的是补偿因自然灾害、意外事故造成的经济损失,保价运输是运输责任的延续,保险运输是社会赔偿的方式。

4. 对标的货物的安全管理不同。铁路保价运输相关约定是铁路货物运输合同的组成部分,铁路作为承运人直接参加货物运输工作,有条件对保价货物采取特殊的安全管理措施;保险合同与铁路运输合同无关,保险公司不参与货物运输管理,只是货物发生损失后采取经济补偿。

5. 资金运用的范围不同。保险公司核收的保费收入,除用于赔偿外,主要用于整个社会的经济、福利等设施的建设,保价运输的保费收入,除用于赔偿外,主要用于改善铁路设备设施,提高铁路安全运输质量,更好地服务托、收货人。

第二节 业务管理

一、受理承运、费用计算及核收

(一)受理承运

受理行包、货物保价运输时,应审查运输单据中有关保价运输内容的填记情况,正确核收保价费。

车站受理一批保价金额在 50 万元及以上的整车(含批量零散快运,下同)、集装箱货物,一批保价金额在20 万元及以上的零担(含零散快运,下同)货物,或其他需要重点看护的保价货物,应建立“重点保价行包、货物△B运输台账”。车站应在货物运单“承运人记事”栏中选择“△B”戳记或用红色书写。

(二)费用计算及核收

行包、货物保价基本费率如下:

1. 行李保价费率为 0.5%。

2. 包裹保价费率为 1%。

3. 货物保价费率根据货物运输品名分类及运输方式确定,详见《铁路保价运输规则》附件 1。行包、货物的保价费按保价金额乘以所适用的保价费率计算。

二、安全防范

发站对行包、货物应组织监装、及时挂运,运送途中严格交接检查。沿途各编组站、区段站对装有货物的车辆应及时挂运,沿途各中转站对△B行包应及时中转,在站中转停留时间一般不超过 24 h,发现问题及时处理。对保留列车中的行包或装有货物的车辆,车站负责组织人员重点看护。行包、货物运抵到站后,车站应及时组织卸车并通知收货人领取。

三、损失赔偿

保价行包、货物在铁路运输过程中发生承运人责任的损失时,承运人应对行包、货物损失进行赔偿。保价行包、货物在铁路运输过程中发生损失时,车站应编制证明行包、货物损失的记录交给客户,同时,告知客户索赔流程、时限及需要准备的证明文件。对承运人责任明确的保价行包、货物损失,收货人或托运人向到站(营业部)或发站(营业部)提出赔偿要求时,到站(营业部)或发站(营业部)均应受理。行包、货物损失赔偿程序及权限、期限等,分别按行包和货物损失处理的有关规定执行。国际联运保价货物在国内段发生损失时,按国内保价运输有关规定进行保价赔偿处理。

保价行包、货物发生损失时,按实际损失赔偿,赔偿额按下列标准计算:

1. 全批损失时,最高不超过该批行包、货物的保价金额。

2. 部分损失时,按损失行包、货物占全批行包、货物的价值比例乘以保价金额计算。

3. 分项填记物品名称和保价金额的，赔偿额分别计算。赔偿额尾数不足 1 元时，按进整处理至元，起码赔偿金额为 1 元。

四、保价补偿

符合补偿范围的保价货物在铁路运输过程中发生损失，经调查既不属于铁路承运人责任，又不是托运人、收货人以及押运人故意或过失行为造成的，铁路局集团公司可酌情对保价货物损失进行补偿。

保价补偿范围包括：

(1)集装箱运输的货物。

(2)托运人、收货人自装卸的货物。

(3)有押运人的货物。

(4)因超过运到期限造成使用价值降低的货物。

(5)其他特定条件的货物。

第三节　营销管理

一、费率浮动

国铁集团制定行包、货物的保价基本费率；保价基本费率按《铁路保价运输规则》的规定执行。

铁路局集团公司可根据管内实际，综合考虑市场竞争状况、地域、季节及托运人意愿、承保物品运量及品类、出险率和赔付率等因素，对保价基本费率实行浮动。保价费率浮动可以针对客户实施，也可针对品类或运输方式等实施，也可按物流总包项目实施(其中保价收入应不低于该物流总包项目总额的1%)。保价费率浮动调整由铁路局集团公司负责管理。

保价费率浮动应考虑市场情况，适度控制浮动幅度，保持相对稳定。直属车务站段间或枢纽地区同一名称的行包、货物保价费率应保持基本一致。管内同一托运人同一名称的保价费率可实行统一浮动。保价费率的最小浮动单位为0.1‰。

重点客户可执行长期稳定保价费率，对上年度没有发生损失赔偿或赔付率较低的，可适当下浮本年度保价费率。铁路局集团公司可与重点客户签订协议，约定保价费率，特殊情况也可对协议客户的货物按车或按吨约定保价费。

车站申请保价费率浮动时，应填写“保价费率浮动审批表”(见《铁路保价运输管理办法》附件2-2)，一式三份，说明浮动理由，经直属车务站段审核后报铁路局集团公司审批。铁路局集团公司批准后，审批表一份铁路局集团公司留存，一份送站段，一份交车站执行。为灵活适应市场需要，按品类或运输方式、物流总包项目实施费率浮动的，可不填写“保价费率浮动审批表”，由铁路局集团公司统一公布。

保价费率浮动期限原则上不超过一年(以自然年计)。对确需延长浮动期限的，铁路局集团公司应于次年初重新公布。

二、客户关系管理

铁路局集团公司应加强保价客户关系管理，建立保价重点客户档案。档案应包括客户基本信息、发送站、主要运输货物名称、运量、保价金额、执行的保价费率、年缴纳保价费数额、损失统计、理赔统计、保价协议执行情况等信息。

铁路局集团公司应建立客户沟通协调机制，采取召开保价运输意见征询会、保价客户恳谈会等多种形式加强与客户沟通。

直属车务站段应建立保价主要客户档案。档案应包括客户基本信息、运输货物名称及运量（是否保价）、损失统计、理赔统计等。

直属车务站段应建立定期走访保价客户制度，征求有关保价运输及理赔服务意见和建议，及时处理反映的问题。

三、营销宣传

铁路局集团公司应加强保价营销宣传，根据管内保价运输特点，落实国铁集团保价营销宣传总体要求，充分利用广告、展板等形式，积极开发互联网等新媒介，扩大保价营销宣传覆盖范围，提高社会及铁路内部干部、职工对保价运输的认知度，并定期组织开展保价营销宣传经验交流。

直属车务站段应进行针对性的保价营销宣传,采取在营业厅(室)等公共场所展示铁路保价标识(《铁路保价运输管理办法》附件3)、提供保价知识宣传图册、开展保价理赔常识宣传、办理运输业务时进行必要风险提示等方式,增强保价营销宣传效果。

四、保价标识

铁路保价标识是经合法注册的商标,标识的应用管理按国铁集团商标管理有关规定执行。

铁路保价标识,可应用于行包、货物运输涉及保价业务办理、损失理赔的场所,需要进行保价营销宣传的场所、物品、媒体等。具体应用按照《铁路货运标识》企业标准和铁路保价《视觉识别管理手册》中所列项目和内容进行。

保价标识使用时,必须按照标准字体、标准颜色、标准组合方式应用,中英文名称之间的比例、间距不应更改,可按比例放大缩小,不得改变标识的文字、图形和颜色。

第四节 统计分析

建立保价业务分析制度。铁路局集团公司应按照客户别、品类别等建立台账,对管内保价覆盖率、重点客户投保率、客户投保意愿、客户安全需求等方面进行分析。直属车务站段应按照客户别、品类别等对营业站点的保价运输开展情况进行分析。

建立保价费率浮动评价分析制度。铁路局集团公司要对费率浮动前后的保价收入、保价率、赔付率等方面变化情况进行比较分析，评价浮动效果。

建立保价收入及损失统计分析制度。铁路局集团公司、车站对国际联运保价货物的保价情况和国内段损失情况单独统计分析。铁路局集团公司按季度向国铁集团货运部报送保价工作及理赔情况总结。

第五章　铁路保价运输管理系统

第一节　登录系统及字典维护

一、登录系统

（一）授权

1. 系统登录实行授权管理，系统对各使用单位按照IP地址授权。各级用户在登录系统前需完成授权申请。

2. 系统授权由国铁集团负责，申请授权单位需明确单位名称、隶属关系和IP地址报集团公司申请。国铁集团受理后完成单位授权，保价系统项目组会自动更新集团公司服务器中的授权信息，即时生效。若单位更名或IP地址发生变更，需要重新申请授权，IP地址变更情况下申请授权，需说明变更前的地址，以便国铁集团做授权废止处理。

3. 系统授权信息存储在集团公司数据库中，用户可以在本集团公司任一授权IP地址的机器上注册、登录系统，办理业务。

（二）注册

1. 在浏览器地址栏中输入各集团公司服务器网址，登录铁路保价运输管理系统界面，如图5-1-1所示。

图 5-1-1　铁路保价运输管理系统界面

2. 在登录界面上点击【注册】，弹出“单位信息注册”窗口，在“单位”栏中输入要注册单位的拼音首字母（小写），调出该站站名及所属路局名称，如图 5-1-2 所示，“单位”栏输 xtd（湘潭东）回车后在弹出的数据里双击输入的单位。

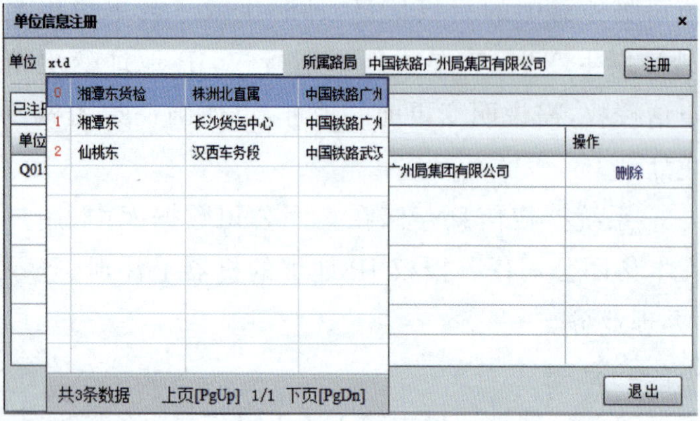

图 5-1-2　单位信息注册窗口

3. 确认无误后，点击【注册】，系统根据注册单位名称、机器 IP 地址进行校验，若已授权，则提示“注册成功”，否则提示“未授权”。首次注册车务段或集团公司级单位时，需等待片刻，因为系统需要将其对应的下属单位读入到管辖单位表中，如图 5-1-3 所示。

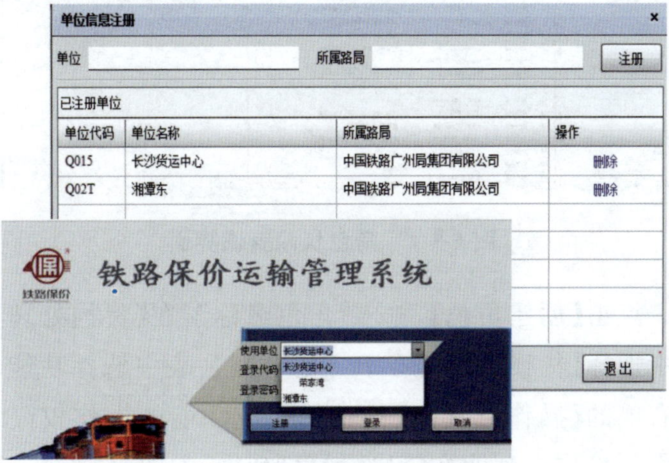

图 5-1-3　单位信息注册窗口

二、字典维护

1. 角色与权限维护

系统用户分为管理员和操作员，管理员用户具有系统操作的最高权限，可以使用系统全部功能；操作员权限由用户角色控制，且不可以使用系统维护中的部分管理功能。

管理员登录系统后，依次进入【系统维护】—【系统字典管理】—【角色权限字典】，打开【角色权限维护界面】；界面中左侧列出已维护的【角色描述】列表，选中某一角色，右侧展示该角色所拥有的系统操作权限，如图 5-1-4 所示。

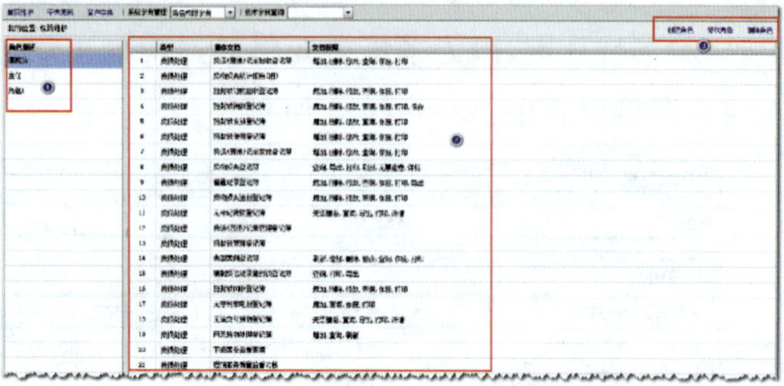

图 5-1-4　角色权限查询界面

点击【创建角色】，输入“角色名称”，在【货损处理】页签中选择【货损处理】，在下方的功能列表中选择功能，并在右侧的【操作选择】区内选择对应功能的操作权限，已选中的操作会列明在【已选权限】列中，如图 5-1-5 所示。

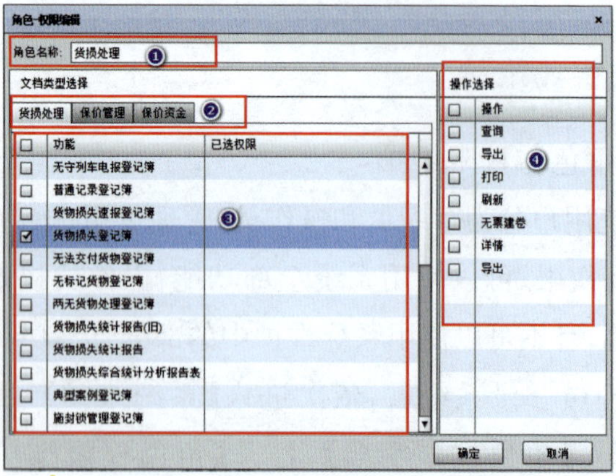

图 5-1-5　角色权限选择界面

然后再依次维护保价管理、保价资金的功能权限。点击【确定】保存维护的角色权限；选中某一角色描述后，点击【修改角色】，进入角色权限编辑界面，如图 5-1-6 所示，此时功能选择区置灰，且没有列出操作选择区；勾选【编辑权限】后，可维护角色的权限，操作方法同创建角色。

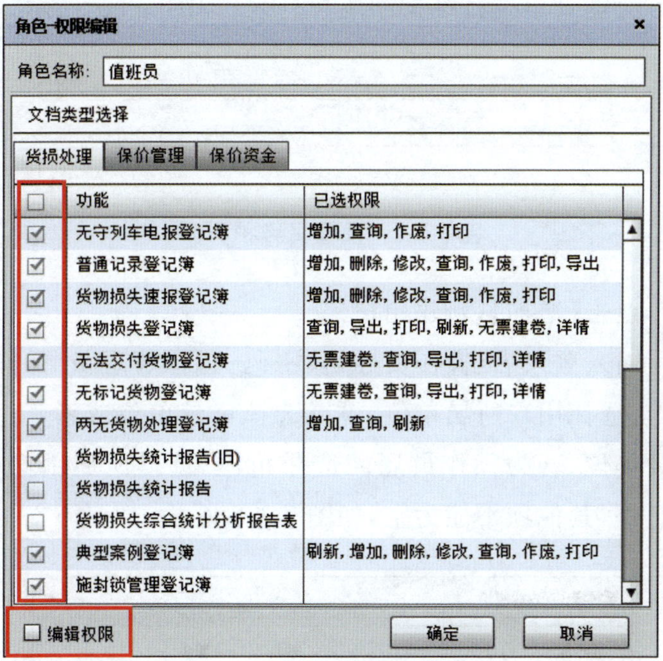

图 5-1-6　角色权限编辑界面

选中某一角色描述后，点击【删除角色】，可删除对应角色；删除角色操作一定要谨慎，若该角色已分配给用户，那删除角色会造成相应用户无法正常登录使用系统。

2. 用户维护

用户管理实行逐级负责制：货运中心（车务段）级管

理员用户进行货运中心(车务段)级角色维护、创建货运中心(车务段)级操作员、创建车站级管理员;车站级管理员用户负责维护本单位的角色,并创建本单位的操作员。

以管理员身份登录系统,依次进入【系统维护】—【系统字典管理】—【操作员字典】,进入操作员维护界面,列出当前登录单位已维护的用户列表,如图 5-1-7 所示。

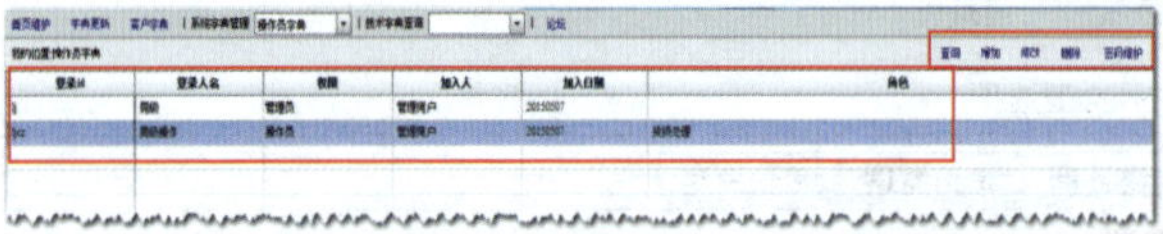

图 5-1-7 操作员维护界面

点击【增加】,新建用户。

输入登录名、操作员姓名、密码;选择管理员/操作员身份;选择用户所属单位,可以选择登录单位或者其直接下级单位;若为操作员还需选择角色;选择所属部门;除部门外,其他项不能为空,如图 5-1-8 所示。

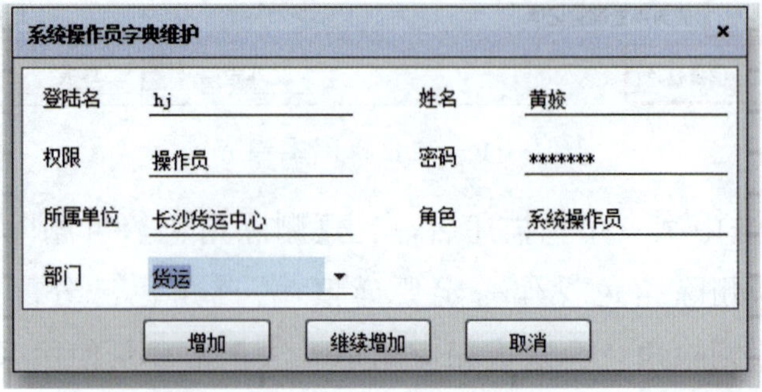

图 5-1-8 操作员字典维护窗口

点击【增加】或【继续增加】，完成用户维护；系统会记录用户的维护人和维护时间；选中某一用户后，点击【修改】可修改除用户密码外的所有信息，点击【删除】可删除对应用户；点击【查询】，可根据姓名、角色、权限和所属部门查询用户信息；点击【密码维护】，可修改用户密码。

3. 客户字典维护

客户字典用于维护保价业务和货物损失处理的主要客户信息，维护后可在多个业务模块调用，如保价管理、货物损失登记簿可调用客户字典输入托运人、收货人名称。

依次进入【系统维护】—【客户字典】，进入客户信息维护界面，如图 5-1-9 所示；点击【增加】，在维护界面中填记客户名称、类型等信息：拼音码要输入正确，用于通过拼音码调取客户名称等信息。

客户类型为货损处理、保价、货损处理和保价，若选择客户类型为货损处理，则只有在货损处理子系统的相关功能中可调用到该客户信息，保价管理子系统无法调用；客户级别为普通客户和大客户；年计划、奋斗目标等用于针对客户的统计分析功能。

点击【查询】，可根据客户名称、客户级别、客户类型查询本单位维护的客户信息。

4. 使用单位信息维护

集团公司、车站级用户以管理员身份登录系统，依次进入【系统维护】—【系统字典管理】—【使用单位信息】，

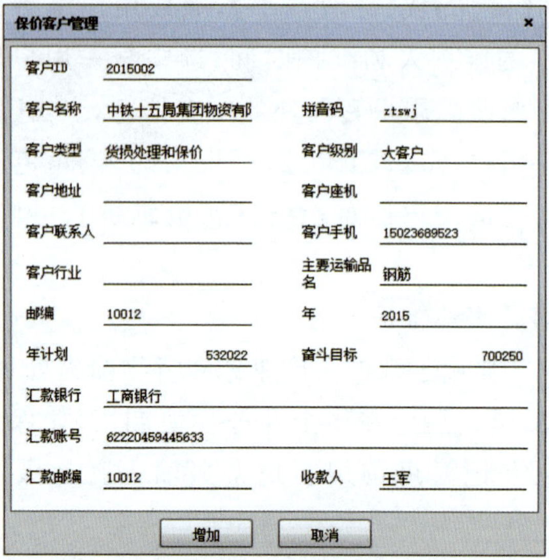

图 5-1-9　保价客户管理窗口

打开使用单位信息维护界面；该功能中列出了登录单位的单位编码、隶属等基础信息；点击右上角【修改】，可维护单位联系电话、站负责人、行文抬头标题、赔通默认主送单位信息。

为实现全覆盖，系统支持大站代小站方式，业务量很小的站（小站），可在授权申请时说明自己的业务代管单位（大站），申请和代管单位同样 IP 地址的授权。具备的条件一是大站必须是车务段一级单位；二是小站是车务段管内的车站一级单位，并申请过授权。大站在使用单位注册时，只需以自己的单位信息注册，而无需以小站单位信息注册；大站只需在系统中维护自己代管的小站，就可以小站的身份登录系统。

车务段级用户以管理员身份登录系统，打开使用单位信息维护界面，在界面右侧会列出可选的【代管单位列表】，如图 5-1-10 所示；点击右上角【修改】，在【代管单位列表】中勾选要代管的单位，点击保存。如下图中，代管单位列表中的车站均为长沙货运中心代管。

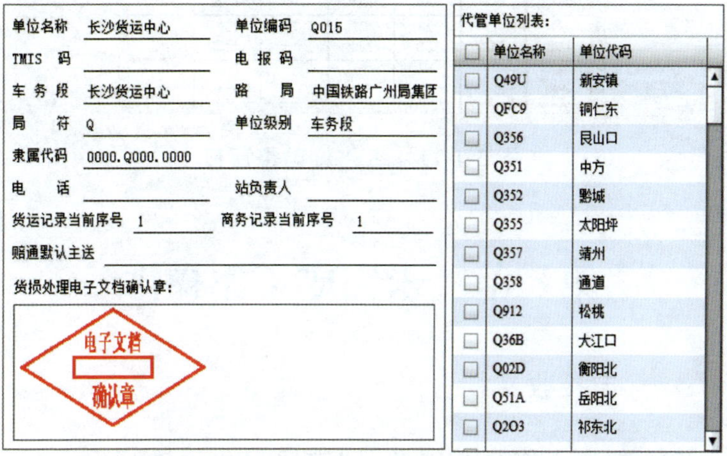

图 5-1-10 代管单位列表

5. 工作日调整维护

为实现理赔服务质量考核，提供工作日调整功能，用于按国家规定，严格区分工作日和休息日。

以管理员身份登录系统，依次进入【系统维护】—【系统字典管理】—【工作日调整字典】，打开工作日调整界面；系统默认将每周的周六、周日作为休息日；点击【修改】，各日均为可调整状态，点击某一日期，可使其在休息日和工作日之间切换，如图 5-1-11 所示；调整界面上方可切换年、月；点击【保存】可保存调整结果。

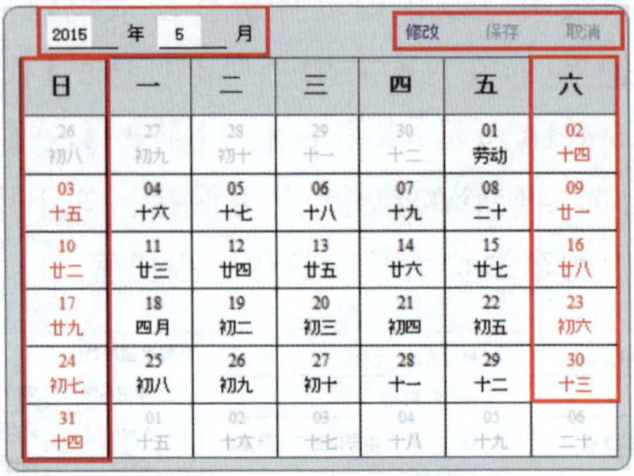

图 5-1-11　工作日调整窗口

第二节　未完成工作操作

一、未接收文档

1. 每个工作日必须登录“铁路保价运输管理系统”，进入“货损处理”，及时查看【未完成工作】中的【未接收案卷】功能，如图 5-2-1 所示。

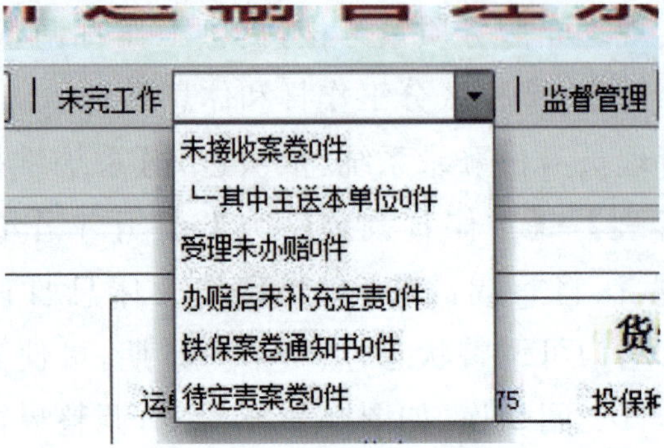

图 5-2-1　未完成工作菜单

2. 在列出的【未接收案卷】列表上依次进入案卷详情查看处理，点击打开案卷会显示他编查询案卷及自编案卷调查回复的情况。

3. 进入案卷详情，本次收到的文档系统在“案卷”菜单下内容显示红色，如图 5-2-2 所示。

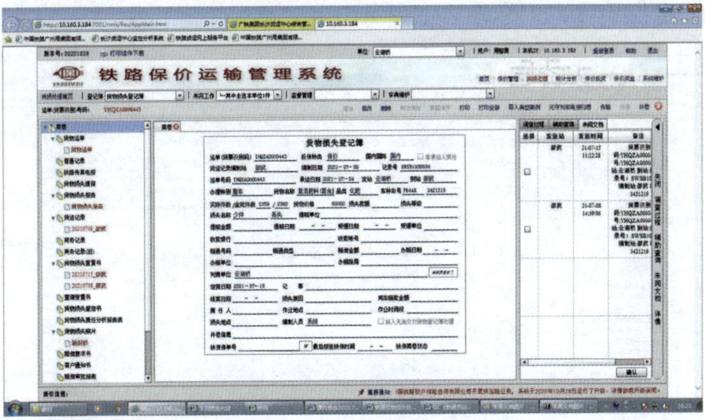

图 5-2-2 未完成工作界面

4. 查看收到的红色文档并在【未阅文档】菜单“选择”小框内打“√”，红色的案卷变成蓝色，此时点击【确认】，案卷接收完毕，如图 5-2-3 所示。

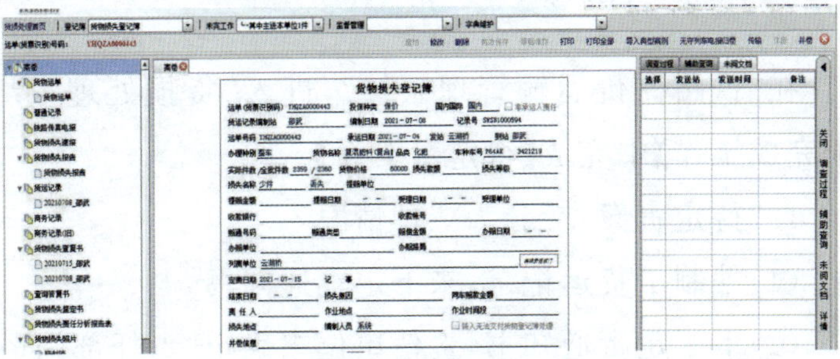

图 5-2-3 案卷接收

5. 依照《货损规则》第五章的要求，将调查的实际情况通过保价系统对货物损失的原因和责任进行调查，以“货物损失查复书”回复处理站及相关站。对自站责任的案卷，须在系统案卷右边菜单点击【查询答复书】，点击【增加】，将调查的实际情况记录在“查询答复书”内，点击【有效保存】，如图 5-2-4 所示。

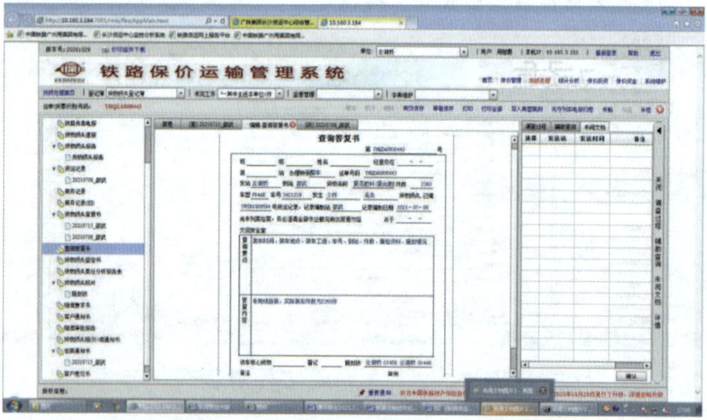

图 5-2-4　查询答复书工作界面

二、待定责案卷

在“铁路保价运输管理系统”，进入“货损处理”界面【未完成工作】中完成【待定责案卷】。

1.“待定责案卷”分为三种情况

(1)编制了货运记录，未下定责通知书。

(2)下了定责通知书，责任单位未确定“责任部门”。

(3)编制货运记录站，未主动送查相关责任站。

2. 系统定责说明

(1)编制记录而超过 3 天不调查的,系统自动定编制站责任;已立案并调查,超过 10 天(三级、轻微)或 30 天(一级、二级)天未定责,定到站货运责任;责任单位收到定责通知书后超过 30 日未列责任部门,列为货运部门责任。

(2)针对实际情况及时定责。保价系统发生软、硬件故障,车站暂无法正常使用时,应由其主管直属站段负责处理。

货物损失调查定责流程,如图 5-2-5 所示。

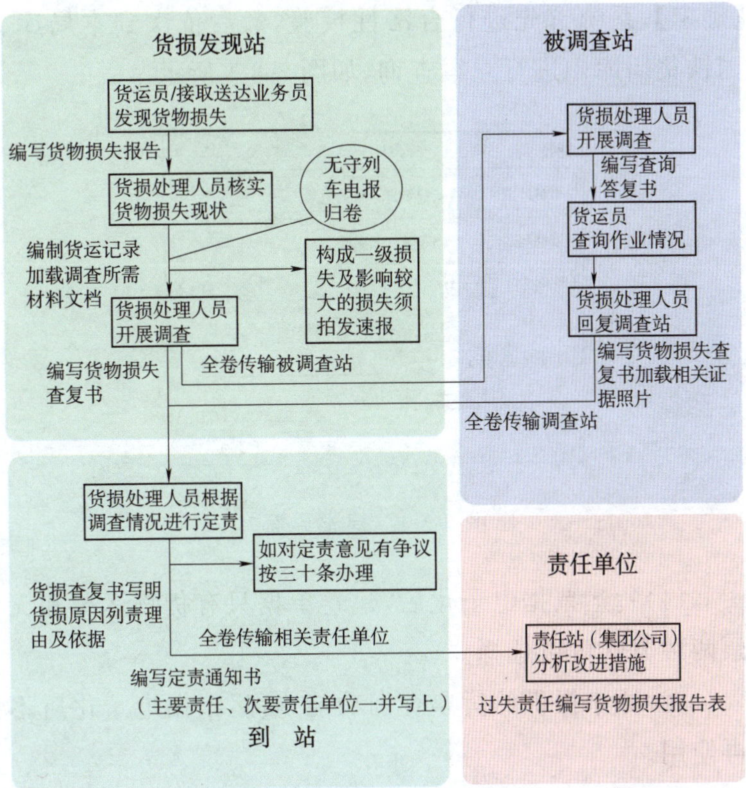

图 5-2-5 货物损失调查定责流程

第三节 货物损失案卷建卷

一、建卷

1. 在“铁路保价运输管理系统”主界面“货损处理”【登记簿】中，打开【4. 货物损失处理登记簿】，点击“建卷”按照系统弹出对话框输入相关内容，输入完成后，点击【确定】，系统首先进行合法性校验，然后依次到本局库、国铁集团库中进行立案查询，如图 5-3-1 所示。

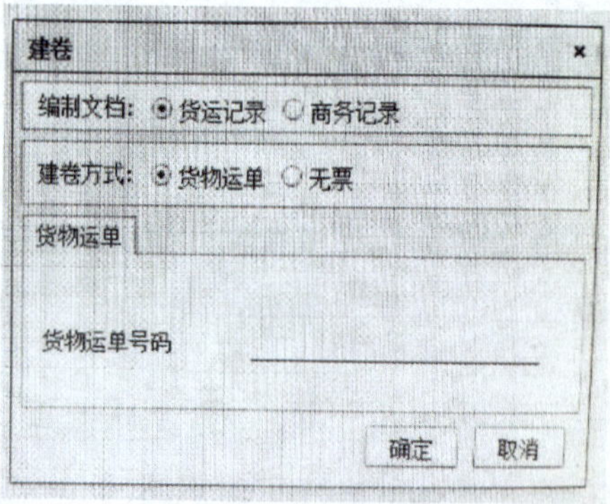

图 5-3-1 建卷界面

(1)货运票据电子化后，建卷单据只有货物运单和无票两种方式可以选择。

(2)原来提供的货票查询功能，货运票据电子化后不再使用。

(3)如果知道货物运单号码，即使无票，也要选择通过输入“运单号码”建卷。

(4)系统中的无票只适用于完全没有任何运单信息的无标记货物建卷时使用。

2. 若该货物损失已立案,则查询本单位是否有查看权限。

(1)有权限:列出带基础文档信息的案卷树。

(2)无权限:给出系统提示。

(3)若该货物损失未立案,系统提示用户可新建货运记录、立案。如图 5-3-2 所示。

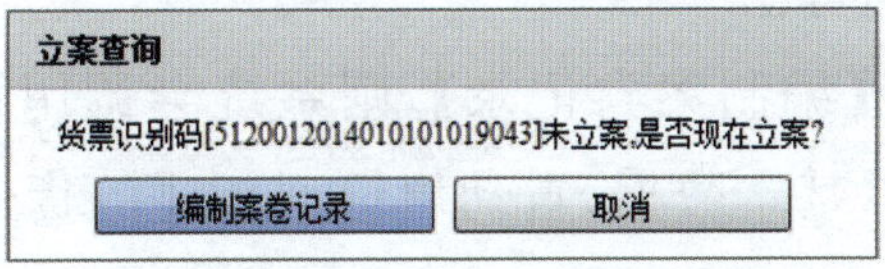

图 5-3-2 图标界面

3. 若立案查询时,查询到该运单号码对应的货物已由他站立案,且本单位没有查看权限,则系统给出提示,如图 5-3-3 所示。

图 5-3-3 提示界面

4. 确定需针对该批货物立案,点击【输入原始车号获得授权】,在弹出窗口中输入正确的车号,校验通过后系统会自动给申请单位授权、获取案卷全部内容、打开案卷树，并记录相关申请信息，如图 5-3-4 所示。

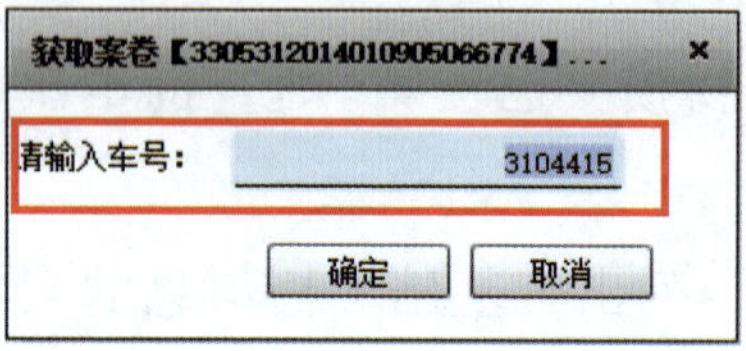

图 5-3-4　窗口界面

5. 系统自动记录的申请信息包括：申请单位、申请人员、申请时间等。

6. 选择【编制案卷记录】，则系统会调用运单数据接口，获取运单基本数据，自动填记到新建的货运记录中。

7. 补充货运记录信息，并保存，可选择【草稿保存】和【有效保存】，只有有效保存后，才算完成建卷，在有效保存前，其他单位均可对该批货物建卷。

8. 点击【草稿保存】后返回，在“货物损失登记簿”主界面上只列出了该批货物损失对应的“货物运单号码（货票识别码）”，而没有其他相关信息，如图 5-3-5 所示。

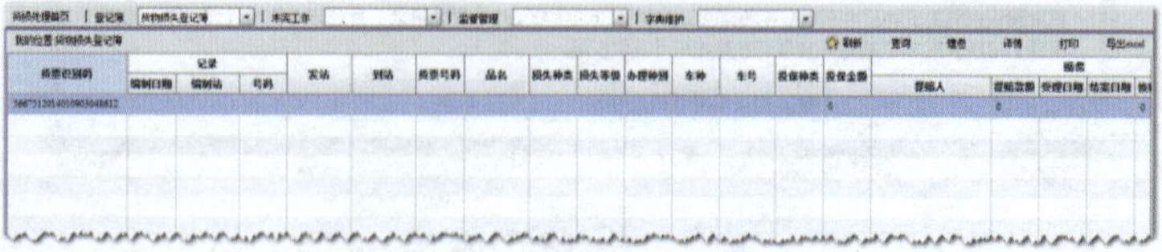

图 5-3-5　货物损失登记簿界面

9. 双击该条数据，可重新进入到案卷操作界面，点击

【修改】可修改草稿保存的货运记录。

10. 对保价运输的货物，必须在【货运记录】“一般情况”栏选择“保价”并填写货物的保价金额，如图 5-3-6 所示。

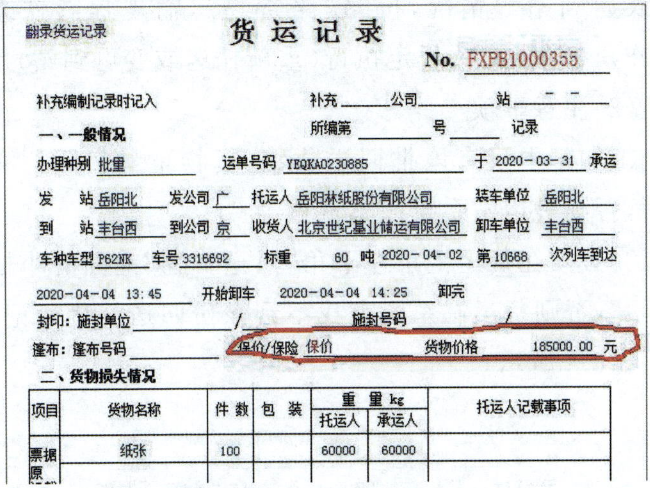

图 5-3-6　货运记录基本信息

11. 点击【有效保存】，完成正式建卷，此时再返回到“货物损失登记簿”主界面，可以看到该批货物损失的货运记录基本信息，如图 5-3-7 所示。

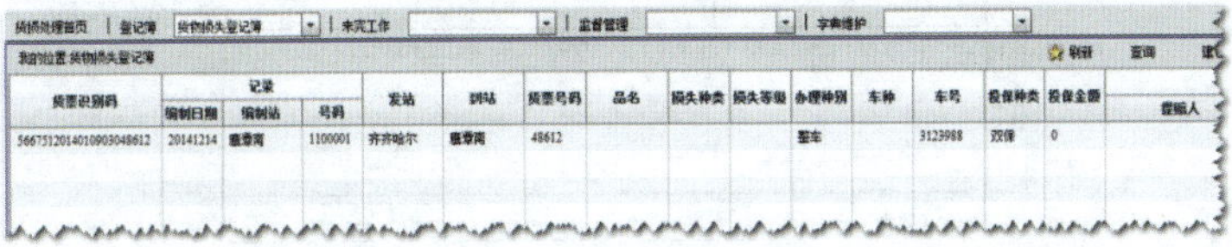

图 5-3-7　货运记录基本信息

12. 回送货运记录的编制及要求

(1)编制

因承运人责任造成的误运送需回送发站、正确到站或损失货物到站(中途站)不能处理需要回送发站等情况时,应编制回送货运记录,但托运人责任造成的收货人拒领、误运到站等情况,按《铁路货物运输规程》、铁总货(2018)41 号文有关规定执行(重新托运或变更到站)。

(2)注意事项

①如车中只有该批回送货物,货物重量实际栏必须填写,否则货运站系统该车货重为 0。

②必须在货运记录左下角“回送货物”前面的小框内打“√”,否则货运站系统查找不到该份回送的货运记录,如图 5-3-8 所示。

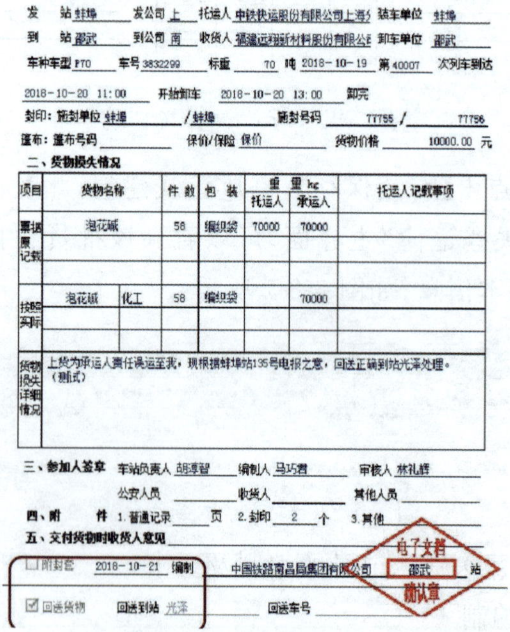

发　站 蚌埠　发公司 上　托运人 中铁快运股份有限公司上海分　装车单位 蚌埠

到　站 邵武　到公司 南　收货人 福建远翔新材料股份有限公司　卸车单位 邵武

车种车型 P70　车号 3832299　标重 70 吨 2018-10-19 第 40007 次列车到达

2018-10-20 11:00 开始卸车 2018-10-20 13:00 卸完

封印:施封单位 蚌埠 / 蚌埠　施封号码 77755 / 77756

篷布:篷布号码　　保价/保险 保价　货物价格 10000.00 元

二、货物损失情况

项目	货物名称		件数	包装	重量 kg 托运人	重量 kg 承运人	托运人记载事项
票据原记载	泡花碱		58	编织袋	70000	70000	
按照实际	泡花碱	化工	58	编织袋		70000	
货物损失详细情况	上货为承运人责任误运至我,现根据蚌埠站135号电报之意,回送正确到站光泽处理。(测试)						

三、参加人签章　车站负责人 胡淳智　编制人 马巧君　审核人 林礼辉

公安人员　　收货人　　其他人员

四、附　件　1.普通记录　页　2.封印 2 个　3.其他

五、交付货物时收货人意见

☐附封套　2018-10-21 编制　中国铁路南昌局集团有限公司 邵武 站

☑回送货物　回送到站 光泽　回送车号

图 5-3-8　货运记录界面

③货运站系统通过编制日期查找该份货运记录。

二、加载照片

1. 在“铁路保价运输管理系统”主界面“货损处理”【登记簿】中，打开【4. 货物损失处理登记簿】，打开所选案卷，定位到【案卷树】—【货物损失照片】，点击【增加】弹出照片加载界面，如图 5-3-9 所示。

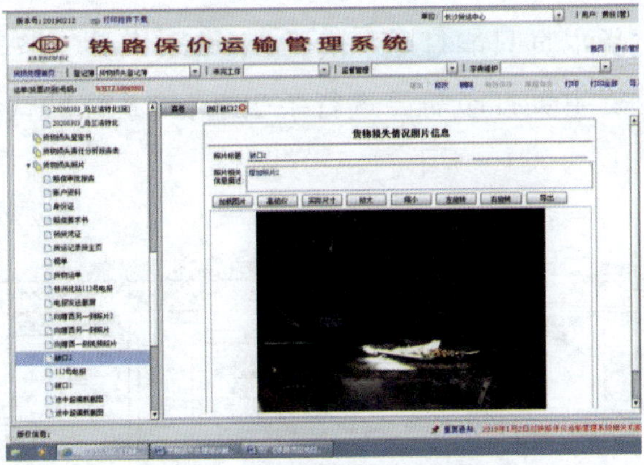

图 5-3-9　照片加载界面

2. 输入“照片标题”，【加载图片】，选择图片加载后，系统自动对图片进行压缩，显示处理进度，到 100%后，处理完成。

3. 照片加载时自动生成：按固定分辨率进行第一次压缩，然后按照像素 70%进行第二次压缩。

三、打印

1. 在“铁路保价运输管理系统”主界面“货损处理”【登记簿】中,打开【4.货物损失处理登记簿】,打开所选案卷文档,点击打印。

2. 所有文档草稿保存时不能打印,有效保存后才能打印。

3. 文档全部采用 A4 纸打印。

4. 货主页只能打印一次。

5. 货主页打印需要进行手工选择,系统默认打印存查页,如图 5-3-10 所示。

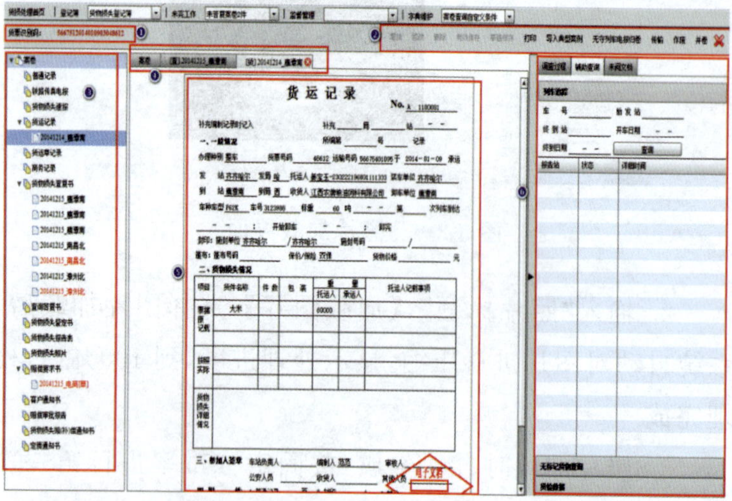

图 5-3-10 打印存查页界面

四、传输

1. 点击【传输】，弹出传输文档选择窗口，勾选要传输的文档，“默认寄送”单位默认发站、到站，如图 5-3-11 所示，通过拼音码输入“寄送单位”，点击【确定】传输。

2. 同时传输 2 个单位时，用英文半角逗号隔开。

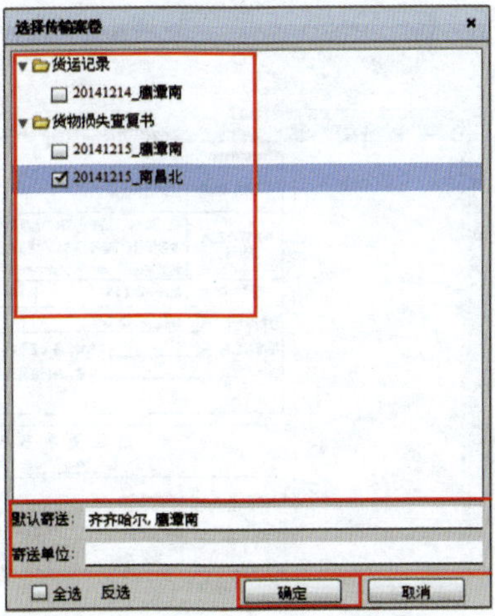

图 5-3-11 传输界面

第四节 网上提赔

1. 客户通过 95306 网上提赔，原始提赔材料网上同步传输，“赔偿要求书”上的内容须与“货运记录”记载的内容一致。“赔偿要求书”信息一定要填写正确再提交，否则有错的话将不能再修改，系统无法办赔。

2. 车站货损处理人员接收到提赔需求信息后，登录铁路保价运输管理系统，主界面【货损处理】—【登记簿】中，打开【4. 货物损失处理登记簿】，点击【查询】，输入相关条件查找到办赔案卷，或者在【未完工作】中直接点击【受理未办赔】选择需要办赔的案件，审核是否符合赔偿条件，符合条件的，完善“赔偿要求书收据”内容后有效保存，如图 5-4-1 所示。

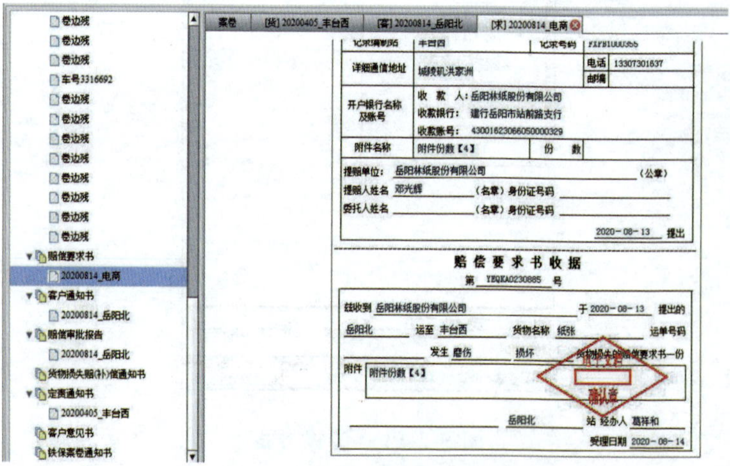

图 5-4-1 电商提赔界面

3. 针对网上提赔，用“客户通知书”的形式答复“提赔人”是否可以办理或需要补充材料的情况，如图 5-4-2 所示。

4. 对符合赔偿条件的案卷，车站须在案卷点击【赔偿审批报告】，点击【增加】填制“损失概况”及“核赔依据”，

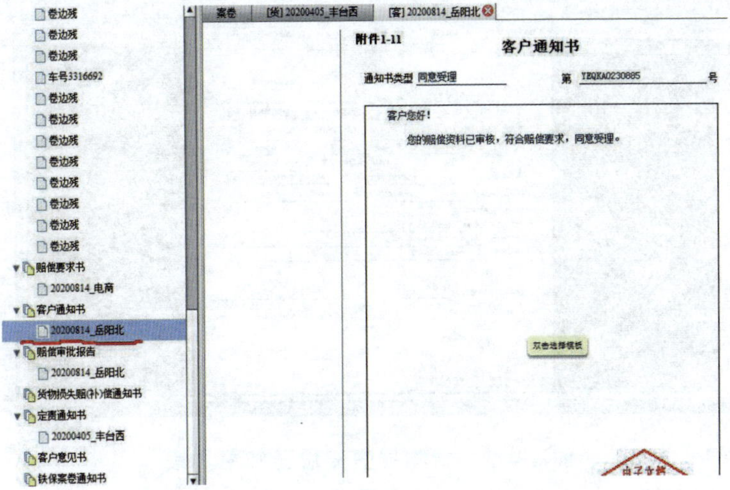

图 5-4-2　客户通知书界面

点击【有效保存】，打印交主管人员及车站领导审批并签署意见(见附录 1-6)，签认后的“赔偿审批报告”加载至赔案“货物损失照片”内。

5. 车站依据《货损规则》第三十七条根据权限由相关单位办理赔偿。轻微损失的赔偿由受理站在案卷菜单下增加“货物损失赔(补)偿通知书”(见附录 1-7 及图 5-4-3 所示)；对三级以上货物损失查复书，写明调查过程、定责及核赔款额、办赔人联系方式等内容上报主管站段、路局(全卷传输)(见附录 1-8)。

6. 办理完赔偿需及时补充“货物损失定责通知书”相关数据并分劈责任款额，如图 5-4-4 所示。

7. 办赔的相关资料均要加载在案卷“货物损失照片”内，如图 5-4-5 所示。

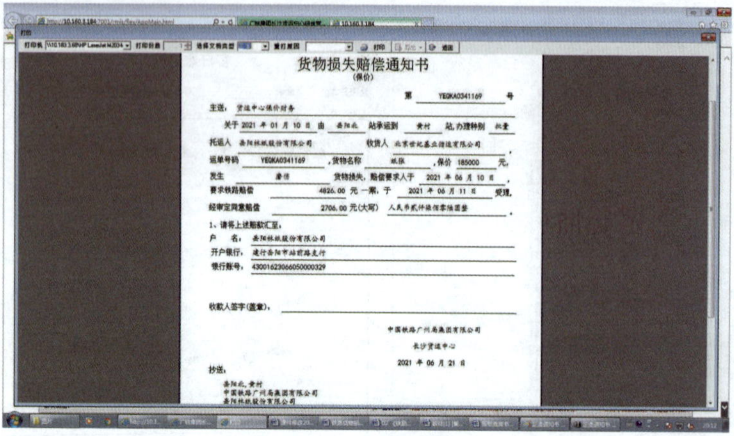
货物损失赔偿通知书
(保价)
第 YEQKA0341169 号
主送：货运中心保价财务
关于 2021 年 01 月 10 日 由 岳阳北 站承运到 黄村 站，办理种别 批量
托运人 岳阳林纸股份有限公司 收货人 北京世纪基业储运有限公司，
运单号码 YEQKA0341169，货物名称 纸张，保价 185000 元，
发生 磨伤 货物损失，赔偿要求人于 2021 年 06 月 10 日，
要求铁路赔偿 4826.00 元一案，于 2021 年 06 月 11 日 受理，
经审定同意赔偿 2706.00 元(大写) 人民币贰仟柒佰零陆圆整。
1、请将上述赔款汇至：
户 名：岳阳林纸股份有限公司
开户银行：建行岳阳市站前路支行
银行账号：43001623066050000329
收款人签字(盖章)：
中国铁路广州局集团有限公司
长沙货运中心
2021 年 06 月 21 日
抄送：
岳阳北，黄村
中国铁路广州局集团有限公司
岳阳林纸股份有限公司

图 5-4-3 货物损失赔偿通知书界面

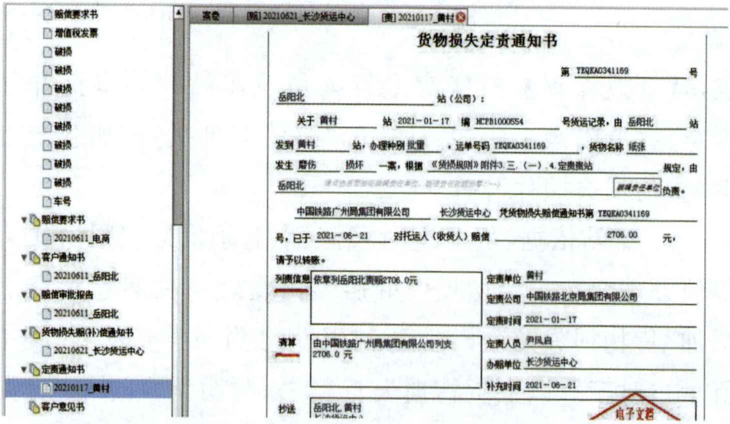

货物损失定责通知书
第 YEQKA0341169 号
岳阳北 站（公司）：
关于 黄村 站 2021-01-17 编 HCPB1000554 号货运记录，由 岳阳北 站
发到 黄村 站，办理种别 批量，运单号码 YEQKA0341169，货物名称 纸张
发生 磨伤 损坏 一案，根据《货损规则》附件3.三.（一）.4.定责责站 规定，由
岳阳北 负责。
中国铁路广州局集团有限公司 长沙货运中心 凭货物损失赔偿通知书第 YEQKA0341169
号，已于 2021-06-21 对托运人（收货人）赔偿 2706.00 元，
请予以转账。
列责信息 依章列岳阳北责赔2706.0元
定责单位 黄村
定责公司 中国铁路北京局集团有限公司
定责时间 2021-01-17
清算 由中国铁路广州局集团有限公司列支2706.0 元
定责人员 尹凤启
办赔单位 长沙货运中心
补充时间 2021-06-21
抄送 岳阳北，黄村
电子文档

图 5-4-4 货物损失定责通知书界面

8. 结案后的案卷点击【案卷】打印“货物损失案卷登记簿”及相关资料（见《货损规则》第四十六条）后保存，如图 5-4-6 所示。材料自结案的次年 1 月 1 日起保管三年。

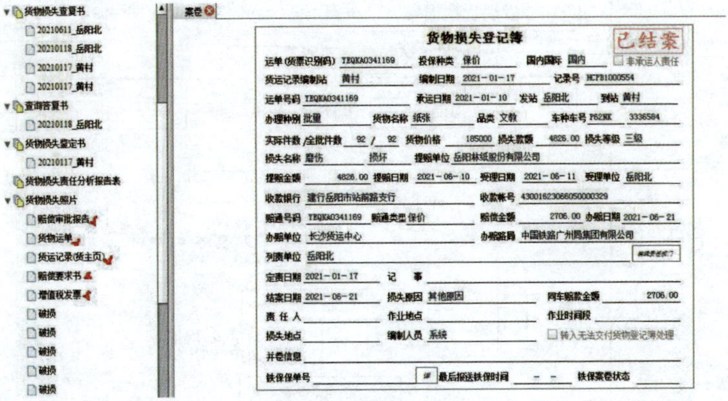

图 5-4-5　加载赔偿资料界面

货物损失案卷

第　　YEQKA0341169　　号

记录编制站	黄村	编制日期	2021.01.17
办理种别	批量	记录号码	HCPB1000554
发　　站	岳阳北	到　　站	黄村
车种车号	P62NK3336584	运单号码	YEQKA0341169
货物名称	纸张	损失种类	损坏
托运人	岳阳××股份有限公司	收货人	北京××××储运有限公司
投保种类	保价	保价金额	185000.00
提赔日期	2021.06.10	损失金额	4826.00
赔款金额	2706.00	结案日期	2021.06.21

图 5-4-6　货物损失案卷封皮界面

9. 整个理赔服务流程可参考图 5-4-7。

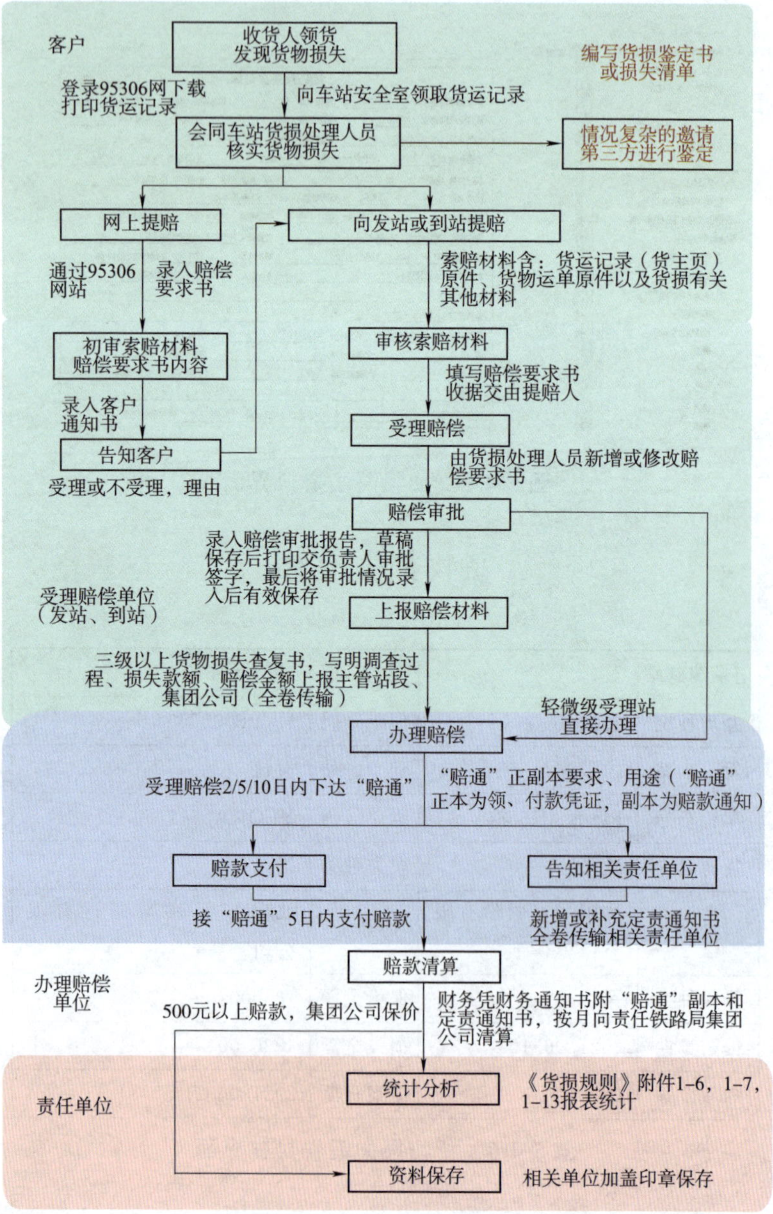
客户
收货人领货
发现货物损失
编写货损鉴定书
或损失清单
登录95306网下载
打印货运记录
向车站安全室领取货运记录
会同车站货损处理人员
核实货物损失
情况复杂的邀请
第三方进行鉴定
网上提赔
向发站或到站提赔
通过95306
网站
录入赔偿
要求书
索赔材料含：货运记录（货主页）
原件、货物运单原件以及货损有关
其他材料
初审索赔材料
赔偿要求书内容
审核索赔材料
填写赔偿要求书
收据交由提赔人
录入客户
通知书
受理赔偿
告知客户
由货损处理人员新增或修改赔
偿要求书
受理或不受理，理由
赔偿审批
录入赔偿审批报告，草稿
保存后打印交负责人审批
签字，最后将审批情况录
入后有效保存
受理赔偿单位
（发站、到站）
上报赔偿材料
三级以上货物损失查复书，写明调查过
程、损失款额、赔偿金额上报主管站段、
集团公司（全卷传输）
轻微级受理站
直接办理
办理赔偿
受理赔偿2/5/10日内下达“赔通”
“赔通”正副本要求、用途（“赔通”
正本为领、付款凭证，副本为赔款通知）
赔款支付
告知相关责任单位
接“赔通”5日内支付赔款
新增或补充定责通知书
全卷传输相关责任单位
赔款清算
办理赔偿
单位
500元以上赔款，集团公司保价
财务凭财务通知书附“赔通”副本和
定责通知书，按月向责任铁路局集团
公司清算
统计分析
《货损规则》附件1-6，1-7，
1-13报表统计
责任单位
资料保存
相关单位加盖印章保存

图 5-4-7　理赔服务流程

第五节　货物损失统计报告操作流程

1. 在“铁路保价运输管理系统”主界面“货损处理”【登记簿】中，打开【9.货物损失统计报告】，系统出现默认本站货物损失统计报告(《货损规则》格式六)界面，如图 5-5-1 所示。

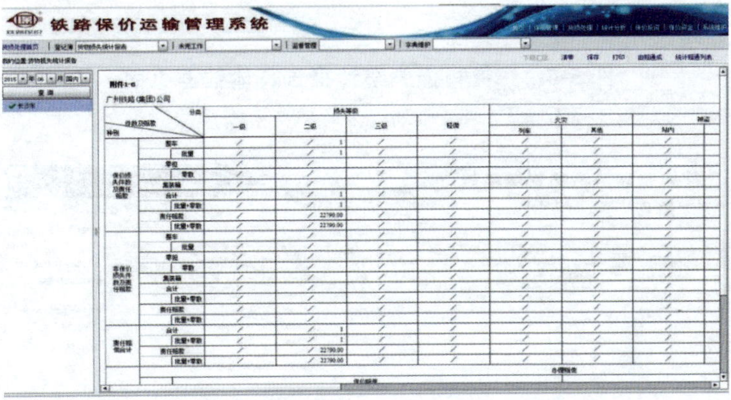

图 5-5-1　货物损失统计报告界面

2. 在核对过年、月之后，单击【由赔通生成】，进入货物损失统计报告具体数据页面，如图 5-5-2 所示。

3. 核对本月本站办赔的案卷数据及本月涉及本站责任的案卷数据后，再核对“责任部门”是否已标识清楚。如图 5-5-3 所示。如没有标识，单击空白方框后，选择责任部门后保存。

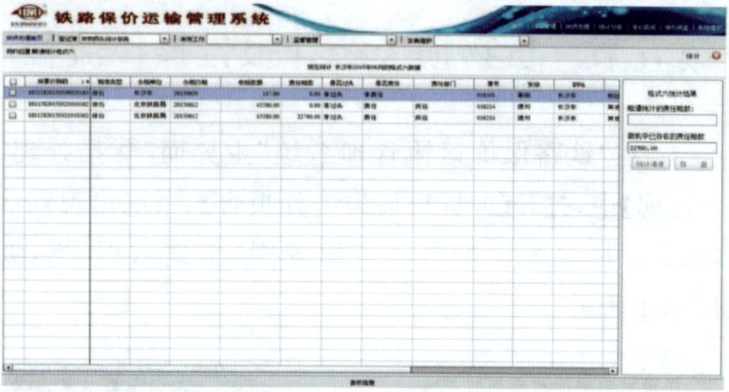

图 5-5-2　货物损失统计报告具体数据页面

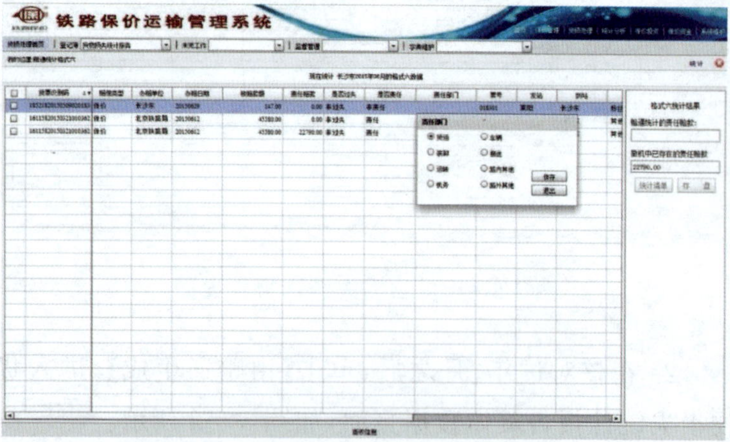

图 5-5-3　核实界面

4. 再勾选本月办赔案卷数据及本月涉及本站责任的案卷数据，单击【统计】，看到格式六统计结果后核对数额后，单击【存盘】，如图 5-5-4 所示。

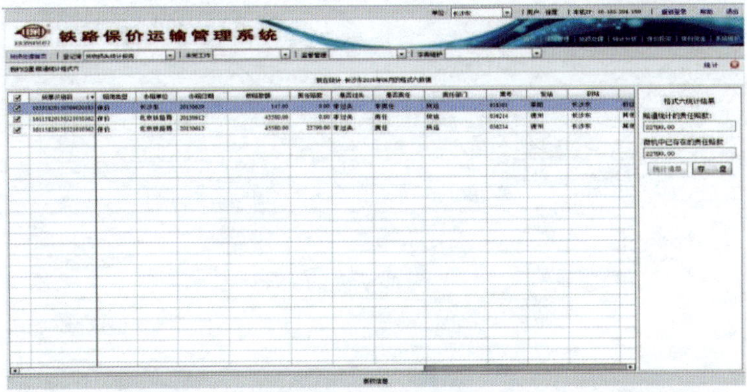

图 5-5-4　存盘界面

5. 看到【存盘成功】的对话框后，单击【确定】，如图 5-5-5 所示。

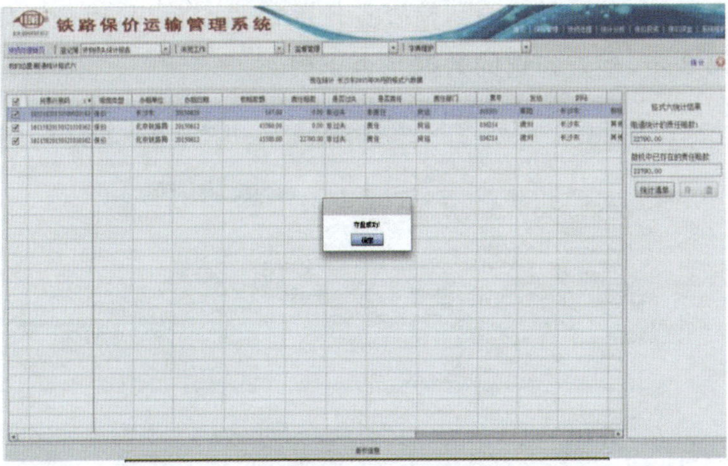

图 5-5-5　确定界面

6. 回到货物损失统计报告页面后，单击【保存】，出现“保存成功”对话框，单击【确定】，如图 5-5-6 所示。

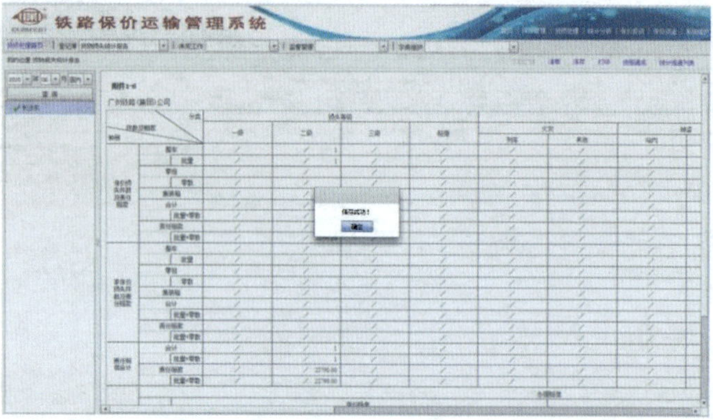

图 5-5-6　保存界面

至此，货物损失统计报告保存成功。如果出现图 5-5-7 和图 5-5-8 所示情况，则表示货物损失统计报告统计出现问题。应返回第 3 步，检查责任部门是否标识，或是返回第 2 步，检查勾选的数据是否正确。

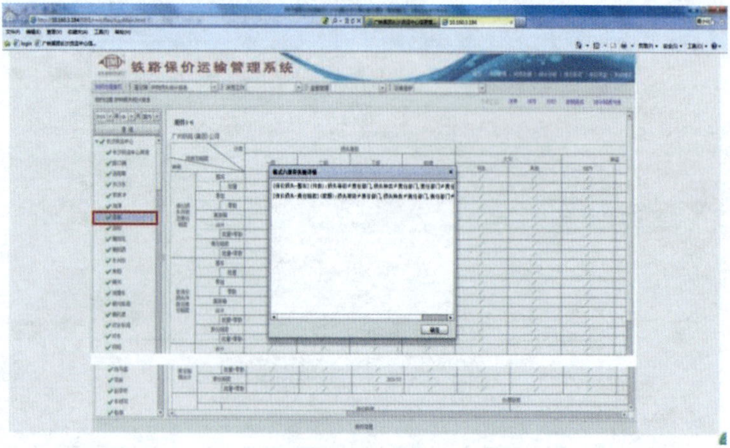

图 5-5-7　检查界面 a

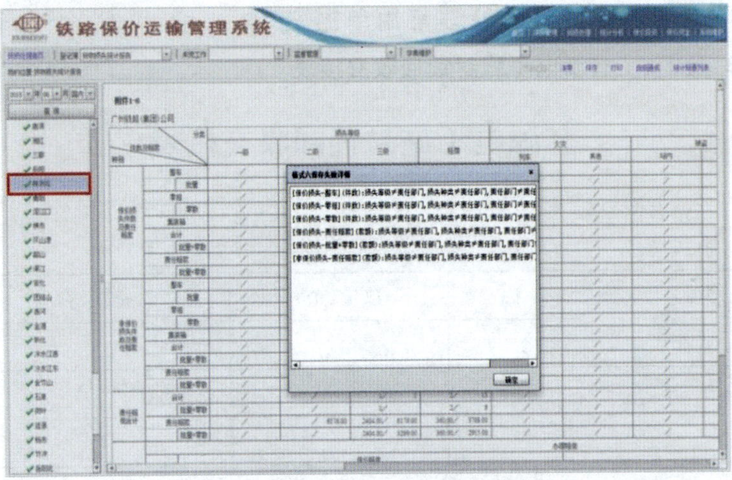

图 5-5-8　检查界面 b

附录1　货物损失处理常用单据

附录1-1　有源电子施封锁回收交接表

有源电子施封锁回收交接表

车站名：

所属局：

序号	名　　称	数量(个)	备注

成都货安计量技术中心有限公司(铁科院运经所研发生产基地)确认收到后将回传至车站方。

移交人(签字)：　　　　　　　　　　　　接收人(签字)：

接收方(盖章)：

发出日期：____年__月__日　　　　　　　　收到日期：____年__月__日

附录 1-2　普通记录编制模板

普 通 记 录

No. BSQZA0010519

发站　惠州　发公司　广　托运人广东省惠州市××能源购销公司

到站　韶关东　到公司　广　收货人广东省韶关市××燃料公司

运单号码　BSQZA0010519　车种车型　C64K　车号　4832342

货物名称　块煤

于2019 年12 月12 日9 时30 分第41021 次列车到达

发生的事实情况或车辆技术状态	新车号 1	C644864256	新车号 2		新车号 3	
	新封号 1		新封号 2		新封号 3	
	新重量 1		新重量 2		新重量 3	

惠州站发韶关东站块煤一车，该车途经我站列检发现车辆技术状态不良，不能继续运行，出具车统 23。我站依车统 23 将上货全部换装入 C644864256 车内继运。

厂修	
段修	
辅检	

参加人员：

车　　站：王林

车 辆 段：范伟

其　　他：

单位戳记

2019 年 12 月 13 日

注：1. 带号码的普通记录，编制单位打印存查，接方打印留存作为证明。

2. 普通记录号码由系统自动生成。

规格：A4 纸竖印（210 mm×297 mm）

附录 1-3 货运记录编制模板

1. 火灾货运记录模版

货 运 记 录

No. HZQB1000683

补充编制货运记录时记入补充____公司____站所编第____号____记录

一、一般情况

办理种别 整车 运单号码 HKQZA0034961 于2018年12月23日承运

发　　站 新乡 发公司 郑 托运人 新乡××公司 装车单位托运人

到　　站冷水江东 到公司 广 收货人冷水江东××公司卸车单位承运人

车种车型 P_{64GK} 车号 3465878 标重 60 t

2018年12月26日第33006次列车到达

2018年12月26日13时00分卸车 2018年12月26日14时40分卸完

封印:施封单位 新乡/新乡 施封号码 00001/00002

篷布:篷布号码________ 保价/保险 保价 货物价格100 000元

二、货损情况

项目	货件名称	件数	包装	重量(kg)		托运人记载事项
				托运人	承运人	
票据原记载	皮棉	60	编织布	60 000		
按照实际	皮棉	60	编织布		未检	

货物损失详细情况	2018 年 12 月 26 日株洲北编开 33006 次 9 时 27 分进我到达场 11 道，9 时 31 分货检发现机后 14 位，车型车号：P_{64GK} 3465878，两侧车门及车窗均有烟冒出。我站立即向公安及有关部门报告，并迅速启动应急预案，9 时 41 分将该车隔离送入无电区段，9 时 50 分会同公安启封淋水施救，火灾于 12 时 40 分扑灭。经查，上车为新乡发冷水江东站皮棉，启封施救前车门窗关闭良好、加固无异状，下部施封两枚有效，封印号码与票记相符。会同公安勘察及清点情况如下：上车实装皮棉 60 件，与票记相符。全批货物规格一致，使用编织袋包装，均码 2 个高，顶层货物距车顶有 500 mm 空容，车进后端左侧中、上层 23 件货物不同程度烧损，全车货物因施救全部过水淋湿，现卸于我站货一库，具体损失待鉴定。会同车辆部门检查该车为木地板车，车地板无损坏，防火板安装正确，技术状态良好，车进后部车厢顶棚及端墙有烧痕，详见损失照片。火灾原因待公安部门鉴定。

三、参加人员签章

车站负责人 张三　　编制人 李四　　审核人 ________

公 安 人 员 王五　　收货人 ________　　其他人员 赵六（××车辆段）

四、交付货物时收货人意见

____

____

____年____月____日货运记录（货主页）已交由________________领取。

2018 年 12 月 26 日编制　　中国铁路广州局集团有限公司冷水江东站（章）

2. 被盗货运记录模版

货运记录

No. HZQB1000001

补充编制货运记录时记入补充____公司____站所编第____号____记录

一、一般情况

办理种别 整车 运单号码 HZQB1000001 于2019年10月25日承运

发　站 梅河口 发公司 沈 托运人 梅河口××公司 装车单位承运人

到　站 株洲北 到公司 广 收货人 株洲××公司 卸车单位承运人

车种车型 C_{64} 车号 4859147 标重61 t

2019年11月6日第45451次列车到达

2019年11月6日14时30分卸车　2019年11月6日15时30分卸完

封印:施封单位____________ 施封号码____________

篷布:篷布号码 8000001 保价/保险 保价 货物价格100 000元

二、事故情况

项目	货件名称	件数	包装	重量(kg)		托运人记载事项
				托运人	承运人	
票据原记载	玉米	1 200	编织袋	60 000		
按照实际	玉米	1 180	编织袋		未检	
货物损失详细情况	梅河口发株洲北整车玉米,卸前检查苫盖路布一张,篷布与票记相符,车体完整,车门关闭加固无异状,篷布及绳网苫盖捆绑良好,车进前端顶部左侧篷布有一处650 mm×1 500 mm的"L"形破口,绳网同破,新痕,可见内货堆码零乱,有明显被盗痕迹。我站即通知公安共同勘察卸车,揭布见篷布破口下方货物堆码明显下凹,凹坑尺寸约为1 500 mm×1 500 mm×2 000 mm,破口下方表层货物有明显湿痕。卸车						

货物损失详细情况	清点全车实卸1 180件，较票记1 200件不足20件。其中116件外包装有面积10%至80%不等湿痕，具体损失待鉴定。上货袋记标重50 kg/件，全批货物规格一致。车内装载10～13个高，起脊梯形码放均匀，湿损件位于破口下方各层及车进前端左侧底层，卸后检该车前端左侧车地板有面积为1 600 mm×4 500 mm的湿迹，全车卸空无残留，完好件与湿损件分别堆码待交。

三、参加人员签章

车站负责人 张三　　编制人 李四　　审核人________

公 安 人 员 刘五　　收货人________　　其他人员________

四、交付货物时收货人意见

____

____

____年____月____日　货运记录（货主页）已交由________________领取。

2019年11月6日编制　　中国铁路广州局集团有限公司株洲北车站（章）

3. 损坏货运记录模版

货运记录

No. HZQB1000002

补充编制货运记录时记入补充____公司____站所编第____号____记录

一、一般情况

办理种别 整车 运单号码 HZQB1000 002 于 2019 年 10 月 26 日承运

发　　站 梅河口 发公司 沈 托运人 梅河口××公司 装车单位 承运人

到　　站 衡阳 到公司 广 收货人 衡阳××公司 卸车单位 承运人

车种车型 C_{64} 车　号 4900000 标重 61 t

2019 年 11 月 6 日第 45451 次列车到达

2019 年 11 月 6 日 14 时 30 分卸车　2019 年 11 月 6 日 15 时 30 分卸完

封印:施封单位____________ 施封号码____________

篷布:篷布号码________ 保价/保险 保价 货物价格 200 000 元

二、货损情况

项目	货件名称	件数	包装	重量(kg)		托运人记载事项
				托运人	承运人	
票据原记载	机床	12	木箱	480 000		
按照实际	机床	12	木箱		未检	
货物损失详细情况	梅河口发衡阳整车机床,未苫盖篷布运输。卸前检查上货纵向顺装两行,码一个高,紧密排摆,车地板满铺稻草垫,货物与车墙间使用木楔挤紧。卸车清点全车实装 12 件与票记相符,车进后端左侧一件木箱底部圆钉脱出,箱体与底托盘完全分离,底托盘 5 根受力梁折断 3 根,新痕,木箱侧面标注品名为 HR-5 型制衣机床一台,件重 4 t,有堆码向上箭头标志。检内装制衣机床一台,使用螺栓固定于底托盘上,外罩塑膜罩完好,表检机床不锈钢台板中部有一处下凹,最深处下凹 12 mm,凹陷面积为 460 mm×350 mm,新痕,具体损失待鉴定。					

三、参加人员签章

车站负责人＿张三＿　编制人＿李四＿　审核人＿＿＿＿

公 安 人 员＿＿＿＿　收货人＿＿＿＿　其他人员＿＿＿＿

四、交付货物时收货人意见

＿＿＿＿＿＿＿＿＿＿＿＿＿＿＿＿＿＿＿＿＿＿＿＿＿＿＿＿＿＿

＿＿＿＿＿＿＿＿＿＿＿＿＿＿＿＿＿＿＿＿＿＿＿＿＿＿＿＿＿＿

＿＿年＿＿月＿＿日　货运记录(货主页)已交由＿＿＿＿＿＿领取。

2019 年 11 月 6 日编制　　中国铁路广州局集团有限公司衡阳车站(章)

附录 1-4　货物损失速报模板

铁 路 传 真 电 报

签发:中心主管领导　　　　核稿:车间领导　　拟稿人:货物损失处理人

电话:11456

发报所名	电报号码	等级	受理日	时 分	收到日	时 分	值 机 员
娄底	100	J	12.26	15:00	12.26	15:05	王五

主送:新乡站、冷水江东站;新乡车务段、长沙货运中心;郑州、广州局集团有限公司货运部;郑州、广州局集团有限公司公安局

抄报:国铁集团货运部

货物损失速报

(一)一级损失、火灾;

(二)2018 年 12 月 26 日 9 时 27 分,冷水江东站到达场 11 道;

(三)新乡站、冷水江东站、皮棉、2018 年 12 月 23 日;

(四)P_{64GK}3465878、HKQZA0034961、整车、保价 10 万元;

(五)2018 年 12 月 26 日 9 时 27 分 33006 次进入我站到达场 3 道,货检员发现车上冒烟并起明火,我站立即将该车送无电区处理,施救前会同公安检查该车车体完整,车门窗关闭良好,施封两枚新乡 00001、00002 与票记相符有效,会同公安及消防共同拆封施救,经淋水灭火,12 时 30 分扑灭火灾。残货于 15 时 00 分会同公安检查清点完毕,经查本批货物票记装载 60 件,抽查完好件检斤件重 1 000 kg,全车货物规格一致,现场检查烧损 23 件,全车货物因施救全部过水淋湿,估计损失约 15 万元,具体损失待鉴定。该车是木地板车,地板完好无损。票记该车为承(托)运人装车。现损失货物已卸于我站货 1 库内,完好件与损失件已分开码放,货车暂存我站六道;

(六)请发站速查装车情况,并于接报之日起 3 日内派人协助处理。请发、到站速联系发、收货人,征求其处理意见并速告。

冷水江东站

2018 年 12 月 26 日

附录 1-5　货物损失鉴定书模板

货 物 损 失 鉴 定 书

冷水江东站　　　　　　　　　　　　　　　　　第HKQZA0034961号

<table>
<tr><td colspan="6">一、编制于2018年12月27日系补充冷水江东站编第HKQZA0034961号货运记录，发站新乡，到站冷水江东，运单号码：HKQZA0034961
货物名称：皮棉发生　　　火灾　　　情况的鉴定书</td></tr>
<tr><td rowspan="5">二、鉴定分析结论</td><td colspan="2">(1)货物的性质和价格</td><td colspan="3">皮棉，原质量良好。单价 4 000 元/t。全批货物实际价值 24 万元。</td></tr>
<tr><td colspan="2">(2)货物的损失程度和款额</td><td colspan="3">23 件烧损，损失重量 23 t，损失价值 9.2 万元；37 件因灭火淋湿，其中 7 件全部淋湿损坏，损失重量 7 t，损失价值 2.8 万元，15 件淋湿 50%，损失重量 7.5 t，损失价值 3 万元，15 件淋湿 30%，损失重量 4.5 t，损失价值 1.8 万元。合计损失 16.8 万元。</td></tr>
<tr><td colspan="2">(3)损失货物能否修理或者配换及所需费用，残留价值</td><td colspan="3">损坏后不能修理或者配换，按废棉 1 000 元/t 处理，残留价值 12 t×1 000 元/t=1.2 万元。</td></tr>
<tr><td colspan="2">(4)损失货物是否适用于原来的用途或作他用，对其价值有无影响</td><td colspan="3">损失货物不能适用原来用途，须按废棉降价处理，实际损失价值 16.8 万元−1.2 万元 =15.6 万元。</td></tr>
<tr><td>(5)货物损失的原因</td><td>甲：货物损失和包装的关系；
乙：货物损失和货物性质的关系；
丙：其他原因(勾选丙)</td><td colspan="3">外罩塑膜编织带捆缠木夹板包装。车内货物装载不良，倒塌所致。</td></tr>
<tr><td>三、鉴定费用</td><td colspan="5"></td></tr>
<tr><td rowspan="2">四、参加鉴定人员职务及签章</td><td>鉴定单位</td><td>铁　路</td><td>托运人</td><td>收货人</td><td>其　他</td></tr>
<tr><td></td><td>货运负责人：张三
安全员：李四</td><td>新乡××公司</td><td></td><td></td></tr>
</table>

日期：2018 年 12 月 27 日　　　　　　　　　　编制人：李四

本鉴定书一式两份：一份交托运人或收货人，一份留鉴定站存查。

附录 1-6　赔偿审批报告模板

赔偿审批报告

日期 2020-3-31　　　　　　　　　　　　　　　　第YEQKAO173332号

记录编制站	丰台站	记录编制日期	2019-10-07		记录号码	FXPB1000249	
办理种别	批量	车种车型车号	P62NK	3326787	运单号码	YEQKAO173332	
发站	岳阳北	到站	丰台西		货物名称	纸张	
损失种类	磨伤 损坏	提款赔额	3 475.20 元		核赔款额	2 317.00 元	…
损失概况	2019 年 9 月 29 日由岳阳北发丰台西批量快运纸张一车，到卸会同收货人检两侧车门窗关闭加固好。实卸上货 89 件与运单不符。卸见其中 80 g 胶版印刷印书刊纸 787 型 3 辊卷边残共 50 mm。卷边残为车侧板划伤，新痕。车底有衬垫，但不起防划作用。丰台西编上记证明在案。						
核赔依据	依《货物损失规则》附件 3、三、(一)列岳阳北责，损失由岳阳北站承担。						
受理负责人审批	事实清楚、计算正确、依章办赔。 张三(理赔安全室值班员签字)						
办赔负责人审批	同意办赔或同意上报。 李四(车间主任或主管领导签字)						

中国铁路广州局集团有限公司　××货运中心　站

编制人　××

附录 1-7　货物损失赔(补)偿通知书(打印界面)

货物损失赔(补)偿通知书

第＿＿＿＿号

主送：＿＿＿＿＿＿＿＿＿＿＿＿＿＿＿＿：

关于＿＿＿年＿＿月＿＿日由＿＿＿站承运到＿＿＿站，办理种别＿＿＿＿＿＿，托运人＿＿＿＿＿＿，收货人＿＿＿＿＿＿＿＿，运单号码＿＿＿＿＿＿，货物名称＿＿＿＿＿＿，保价＿＿＿＿＿元，发生＿＿＿＿＿＿＿货物损失，赔偿要求人于＿＿＿年＿＿月＿＿日，要求铁路赔偿＿＿＿＿＿＿元一案，于＿＿＿年＿＿月＿＿日受理，经审定同意赔(补)偿人民币＿＿＿＿元(大写)＿＿＿＿＿＿＿＿＿＿。

1. 请将上述赔款汇至：

户　　名：＿＿＿＿＿＿＿＿＿＿＿＿＿＿＿＿＿＿＿＿＿＿

开户银行：＿＿＿＿＿＿＿＿＿＿＿＿＿＿＿＿＿＿＿＿＿＿

银行账号：＿＿＿＿＿＿＿＿＿＿＿＿＿＿＿＿＿＿＿＿＿＿

2. 请持本通知书到＿＿＿＿＿＿＿＿＿＿＿＿＿＿财务领取。

收款人签字(盖章)：＿＿＿＿＿＿＿＿

办赔单位：＿＿＿＿＿＿＿＿

办赔公司：＿＿＿＿＿＿＿＿

办赔日期：＿＿＿＿＿＿＿＿

编制人员：＿＿＿＿＿＿＿＿

抄送：＿＿＿＿＿＿＿＿＿

＿＿＿＿＿＿＿＿＿

＿＿＿＿＿＿＿＿＿

＿＿＿＿＿＿＿＿＿

附录 1-8 货物损失查复书模板

货物损失查复书

主送：长沙货运中心

抄送：丰台西　　　　　　　　　　　　　　　　第YEQKAO173332号

记录编制站	丰台西	记录编制日期	2019-10-07	办理种别	批量
记录号码	FXPB1000249	车种车型车号	P62NK3326787	运单号码	YEQKAO173332
发　站	岳阳北	到　站	丰台西	货物名称	纸张
损失种类	磨伤/损坏	保价金额	185 000.00 元	货物损失款额/全批价值	

______（单位）____年____月____日查复书接悉。上货损坏，发货人在我站提赔，现将有关资料报您审核。

1. 货损概况：

2019 年 9 月 29 日由岳阳北发丰台西批量快运纸张一车，到卸会同收货人检两侧车门窗关闭加固好。实卸上货 89 件与运单不符。卸见其中 80 g 胶版印刷印书刊纸 787 型 3 辊卷边残共 50 mm。卷边残为车侧板划伤，新痕。车底有衬垫，但不起防划作用。丰台西编上记证明在案。

2. 已知条件：

票记件数 110 件，损失 736 kg，上货全批货物价格 277 500 元。保价 185 000 元，发货人要求提赔 3 475.2 元。

3. 依《货物损失规则》附件 3、三、（一）列岳阳北责，损失由岳阳北站承担。

4. 核赔款额：

我站依丰台西站（货物损失鉴定书）按保价比率核赔：

$\{(5\,500\times 0.576)+(5\,600\times 0.160-588.8)\}\div 277\,500\times 185\,000\approx 2\,317$（元）

5. 联系电话：××××-×××××　　联系人：×××

中国铁路广州局集团有限公司　　岳阳北　站　　日期 2020-03-25

附录 2

货物损失处理典型案例

【案例 1】 发站发现货物损失

2020 年 3 月 25 日 A 站承运到 B 站集装箱货物一批(品名:调味品),保价 4 万元,承运人组织装车,集装箱装车过程中,因装卸工操作不当,箱号 TBJU2370904 集装箱刮碰邻箱快速倾斜坠地,造成集装箱内货物损坏。A 站及其直属站段在本次货物损失处理过程中,需要做哪些具体工作?

答:(1)应在发现货物损失后及时报告并通知货物损失处理人员。报告基本情况准确、清楚。

(2)对装箱现场进行勘查,如实记载并拍照或录像。

(3)依据票据信息清点损失货件,做出物品损失清单或现有货物清单,将损失货件与完好货件分别码放,妥善处理货物损失现场的残货、残渣。对损坏货件整修包装,对需要继运的货物损失货件栓挂"损失货物标签"。

(4)货运员根据货物损失勘查内容,逐项填写货物损失报告,由货运值班员对报告中的事实和内容进行审核并签字后,连同与货物损失有关的材料、施封锁、损失照片等在发现货物损失当日送交理赔安全室。

(5)货物损失处理人员接到货物损失报告后,要核实货物损失报告内容是否齐全、正确,相关资料是否齐全,必要时,要对现场和相关内容进行核实。核实完毕,根据货物损失报告在发现货物损失次日内编制货运记录,并联系托运人处理。如确实无法联系托运人时,在编制当日将案卷传输到站处理。

(6)对不能判明货物损失程度的,处理站应在 10 个工作日内会同托运人进行损失鉴定,必要时邀请有鉴定能力的第三方机构进行鉴定。情况特殊需要延期的,应以查复书或电报说明原因和通知有关单位,但最长不得超过 30 日。

(7)征求托运人对货物损失的处理意见,确定就地处理或继续运输。

(8)托运人确定就地处理时,按《铁路货物损失处理规则》附件 3 划分责任,自编制货运记录之日起,10 日内填写查复书并下达"货物损失定责通知书",送主管铁路局集团公司、到达局铁路局集团公司和发站。

(9)如托运人(收货人)要求在发站办理赔偿,应审核赔偿要求人的权利、有效期限、"赔偿要求书"内容,以及规定的证明文件(货运记录(货主页)原件、有效身份证明以及与货物损失有关的其他材料)。审核无误后,在"赔偿要求书收据"上加盖货物损失处理专用章,交给赔偿要求人。并通知发站。

(10)自受理赔偿要求的次日起 2 个工作日内填发"赔通"。特殊情况,直属站段不超过 5 个工作日,铁路局集团公司不超过 10 个工作日。"赔通"下达后,经办人员应 2 个工作日内与财务人员办理交接手续并签认。财务部门接到"赔通"后,应在 5 个工作日内支付赔款。

(11)托运人确定继续运输时,编制货运记录将残货发送到站处理。

【案例 2】 中途站(货检站)发现货物损失

2019 年 12 月 28 日 A 站承运到 C 站批量货物一批

(品名:混装货物)。车种车号:P_{65}3450640,上车编 X217 次机后14位于2019年12月29日22时27分在B站(非局间交接货检站)下行出发场四道(牵引机车型号 HXD015)发现车门处冒烟并有明火。B站及其所属铁路局集团公司在本次货物损失处理过程中,需要做哪些具体工作?

答:(1)应在1h内逐级报告。报告基本情况准确、清楚。

(2)查阅损失货物(车)的运输信息,了解货物的具体名称、特性,确定施救方案及措施(组织施救),避免扩大损失,施封的货车,应检查封印状态,并妥善保管剪下的施封锁。抢救处理和现场处理过程中留存影像资料。

(3)施救完毕,依据票据信息清点损失货件,做出物品损失清单或现有货物清单,将损失货件与完好货件分别码放,妥善处理货物损失现场的残货、残渣。对损坏货件整修包装,对需要继运的货物损失货件栓挂“损失货物标签”。

(4)应配合公安消防人员勘查货物损失现场,及时联系公安消防部门取得火灾原因认定书。

(5)收集各种原始资料及货物损失发现及货车作业、施救等方面详细资料。货运员根据货物损失勘查内容,逐项填写货物损失报告,由货运值班员对报告中的事实和内容进行审核并签字后,连同与货物损失有关的材料、施封锁、损失照片等在发现货物损失当日送交理赔安全室。

(6)货物损失处理人员接到货物损失报告后,要核实货物损失报告内容是否齐全、正确,相关资料是否齐全,必要时,要对现场和相关内容进行核实。核实完毕,根据货物损失报告在发现货物损失次日内编制货运记录,并在编制当日将案卷传输到站处理,并以查复书形式,通过保价系统将案卷传输有关站对货物损失的原因和责任进行调查,同时抄知有关单位。

(7)应在24 h向有关车站、直属站段、铁路局集团公司和有关铁路公安部门以电报形式拍发"货物损失速报",抄送国铁集团货运部。

(8)对不能判明发生原因和货物损失程度的货物损失,处理站应在10个工作日内会同收货人(托运人)进行损失鉴定,必要时邀请有鉴定能力的第三方机构进行鉴定。情况特殊需要延期的,应以查复书或电报说明原因和通知有关单位,但最长不得超过30日。

(9)货物损失达到一级损失时,发现铁路局集团公司应现场组织处理。涉及其他局集团公司责任时,应自拍发货物损失速报之日起10日内邀请有关铁路局集团公司参加处理,召开分析会,形成会议纪要。如通过协商意见一致时,可以不召开分析会。

(10)根据铁路公安消防出具的火灾原因认定书,做好货物损失调查定责工作。如火灾原因认定书为托运人(收货人)责任,及时通知托运人(收货人)。如属于承运人责任,按《铁路货物损失处理规则》附件3划分责任。填写查复书并下达"货物损失定责通知书",送主管铁路局集团公司、责任铁路局集团公司、责任单位和发到站及有关单位。

(11)如托运人(收货人)要求将残货回送到站处理,经发现铁路局及有关铁路局同意,编制货运记录将残货回送到站。

(12)如属于承运人责任，托运人(收货人)要求在处理站办理赔偿，应审核赔偿要求人的权利、有效期限、“赔偿要求书”内容，以及规定的证明文件(货运记录(货主页)原件、有效身份证明以及与货物损失有关的其他材料)。审核无误后，在“赔偿要求书收据”上加盖货物损失处理专用章，交给赔偿要求人。并通知发、到站。

(13)自受理赔偿要求的次日起 2 个工作日内填发“赔通”。特殊情况，直属站段不超过 5 个工作日，铁路局集团公司不超过 10 个工作日。“赔通”下达后，经办人员应 2 个工作日内与财务人员办理交接手续并签认。财务部门接到“赔通”后，应在 5 个工作日内支付赔款。

【案例 3】 到站发现货物损失

2020 年 6 月 20 日，由 A 站承运到 B 站整车豆粕一车，车种车号 P_{62K}3132250，承运人装车，票据记载 1 195 件，保价 5 万元。该车 6 月 25 日到达 B 站，承运人组织卸车，卸前检查车体外观良好，门窗关闭，施封 2 枚与票据相符且有效，卸点上货实有 1 193 件，较票据记载 1 195 件，不足 2 件，车容未满，卸空无残。B 站在本次货物损失处理过程中，需要做哪些具体工作？

答：(1)应在发现货物损失后及时报告并通知货物损失处理人员。报告基本情况准确、清楚。

(2)对卸车现场进行勘查，如实记载并拍照或录像，查明货物卸车及搬入货位时间、交接检查情况及有无闲杂人员出入。

(3)货运员(货检员)根据货物损失勘查内容，逐项填写货物损失报告，由货运值班员对报告中的事实和内容进行审核并签字后，连同与货物损失有关的材料、施封锁、损失照片等在发现货物损失当日送交理赔安全室。

(4)货物损失处理人员接到货物损失报告后，要核实货物损失报告内容是否齐全、正确，相关资料是否齐全，必要时，要对现场和相关内容进行核实。核实完毕，根据货物损失报告在发现货物损失次日内编制货运记录，并在编制当日将案卷传输到站处理，并以查复书形式，通过保价系统将案卷传输有关站对货物损失的原因和责任进行调查，同时抄知有关单位。

(5)如货物损失为托运人(收货人)责任，及时通知托运人(收货人)。如属于承运人责任，按《铁路货物损失处理规则》附件3划分责任，自编制货运记录之日起，10日内填写查复书并下达“货物损失定责通知书”，送主管铁路局集团公司、责任铁路局集团公司、责任单位和发站。

(6)如属于承运人责任，托运人(收货人)要求在到站办理赔偿，应审核赔偿要求人的权利、有效期限、“赔偿要求书”内容，以及规定的证明文件(货运记录(货主页)原件、有效身份证明以及与货物损失有关的其他材料)。审核无误后，在“赔偿要求书收据”上加盖货物损失处理专用章，交给赔偿要求人。并通知发站。

(7)自受理赔偿要求的次日起2个工作日内填发“赔通”。特殊情况，直属站段不超过5个工作日，铁路局集团公司不超过10个工作日。“赔通”下达后，经办人员应2个工作日内与财务人员办理交接手续并签认。财务部门接到“赔通”后，应在5个工作日内支付赔款。